让孩子
快乐起来

超简单的正向情绪培养手册

［英］苏西·瑞丁（Suzy Reading） 著

陈敏睿 译

北京联合出版公司
Beijing United Publishing Co.,Ltd.

图书在版编目（CIP）数据

让孩子快乐起来：超简单的正向情绪培养手册 /
（英）苏西·瑞丁著；陈敏睿译. -- 北京：北京联合出
版公司，2024.2
ISBN 978-7-5596-7397-8

Ⅰ.①让… Ⅱ.①苏… ②陈… Ⅲ.①家庭教育—儿
童教育—手册 Ⅳ.① G782-62

中国国家版本馆 CIP 数据核字（2024）第 023643 号

北京市版权局著作权合同登记 图字：01-2023-5446

让孩子快乐起来：超简单的正向情绪培养手册
作　　者：[英]苏西·瑞丁
译　　者：陈敏睿
出 品 人：赵红仕
策　　划：张　缘
责任编辑：管　文
封面设计：王梦珂
版式设计：豆安国
责任编审：赵　娜

北京联合出版公司出版
（北京市西城区德外大街 83 号楼 9 层　100088）
北京华景时代文化传媒有限公司发行
北京中科印刷有限公司印刷　　新华书店经销
字数 124 千字　　880 毫米 ×1230 毫米　　1/32　　6.25 印张
2024 年 2 月第 1 版　　2024 年 2 月第 1 次印刷
ISBN 978-7-5596-7397-8
定价：58.00 元

导　读

　　第一次读到这本书时我感到非常惊喜。这是一本站在孩子的视角所写的书，是一本讲述一个小生命来到这个世界上，需要什么才能健康成长的书。很多育儿书籍和理论站在成年人的视角去想：我要怎么做才能把孩子变成我期待的样子？这样的思路往往给父母带去无尽的焦虑，并且浪费了孩子天生自我呵护、积极发展的潜能。

　　在当代社会中，关于育儿的焦虑和"鸡娃"的讨论屡见不鲜，很大程度上是成年人的焦虑在育儿上的体现。哪个成年人不焦虑呢？当我们作为一个成年人，无法在自己的生活中感到安全、自由、满足、舒适，就很难相信孩子可以顺其自然地过上这样的生活，所以我们一定要让孩子达到某些标准才能感到安心。换个角度看，我们之所以反感父母的要求，大多是因为他们关于幸福的理解和实现手段有很大的时代局限性，一旦强加到我们身上，就会造成压力而不是助力。

　　每一代父母都着急地想把自己的求生策略传递给下一代，在过去是"多穿点、多吃点"，在当代是"要上补习班"等等。这些策略并非没有意义，但可能让我们忽视了那些更根本的教育，那些超越时代的教育。这就是本书所说的——自我呵护。不管在什么样的时代，面对什么样的外在挑战，我们都需要一些基本的能力：内在像山一样稳定自洽、吃好睡好身体好、有基本的幸福感和人际关系、自信且了解自己、设定合适的目标并为此努力。

在起跑线之前，打好基本功

本书所说的这些"基本能力"看起来一点都不基本吧！是的，在心理咨询中，很多来访者是一个好家长、好儿女、好员工，但这些"好"的下面是无尽的内耗；很多人获得了世俗的成功但仍被自卑感追赶；很多人渴望亲密，却总在人际关系中掩饰逃避。所以，自我呵护是一生的议题，我们并不比孩子领先多少。这很正常，甚至很好。

为什么好呢？因为这种"我也懂得不太多"的谦卑心态给了孩子空间。当我们去想：一棵小树的成长需要什么？我们往往会想到施肥、浇水、阳光……这些"有为"当然都非常重要，但还有一个不可或缺的元素是"无为"——空间。在一个狭窄的空间里，小树无法长高长大。如果孩子的成长环境中充满了太多父母的期待、规则、要求，孩子也无法长出自我。

讲到无为、空间，可能很多家长会误以为是不在乎孩子的成就的意思。其实不是这样，本书的第7章、第8章就是在讨论如何帮助孩子获得成功，但是这里的成功不是完全由外在要求去主导和定义的，而是找到内在我们为之自豪的部分，看到自己的优势，并学会面对缺点；找到自己的热爱和使命，为之努力，也学会应对挫折。

这样的成功不是令人疲惫的"内卷"，而是一个和自己的终身游戏。喜欢自己，并好奇自己能力的边界在哪里，还有哪些潜能。像打游戏发现新地图一样不断发现自己。因为真的了解自己，所以有基于真实的自信，这样就会乐于面对挑战。与之相反，我们这个时代的很多孩子疲于应付各种外在要求，没有空间去探索自己、欣赏自己。他们即使优秀也往往缺乏真正的自信，表现为对挫折敏感、没有学习动力、厌学等等。这样的状态自然会引发父母的焦虑，并施加更多"有为"的教育，更加挤占孩子的空间，形成恶性循环。

无为不是忽视孩子。有些人小时候承受了父母过多的期待，在他们成为父母后，会因为不想让孩子重复自己童年的痛苦，有意给孩子比较少的压力。这是好心，但也要注意不要变成忽视。孩子在自我发现的路上非常需要陪伴，成功的喜悦需要分享，挫折需要安慰，有时需要推一把，有时需要哄一哄……相信这本书可以帮助父母找到有为和无为的平衡。

情绪管理，找到更大的平静

除了自信和成就的课题，本书的另一个重点是情绪管理。当我们说情绪管理的时候，我们到底在说什么？

在我受训成为心理咨询师的时候，有一个印象深刻的练习。两个同学搭档进行角色扮演，一个扮演来访者，倾诉自己的烦恼3分钟，另一个扮演咨询师。关键是，扮演咨询师的同学在这3分钟内不能说话，但要努力去理解对方说的话，并向对方传递自己的理解和陪伴。大家可以和自己的孩子或伴侣试一试。当我们闭上嘴，放下那种"我一定要做点什么帮你解决问题"的压力，心反而会打开。

在这种无言的陪伴中，到底发生了什么呢？科学家发现，小婴儿在焦躁时心跳会变快，此时如果妈妈出现在身边，且相对平静，小婴儿的心跳就会慢慢变得和妈妈同频，焦虑也会被抚平。

如果妈妈患有产后忧郁症，更可能发生的是，妈妈的心跳变得和小婴儿同频，两人都陷入焦虑。这种母婴之间的心跳同步化早在孩子出生的第一天就会发生。所以，安抚孩子的情绪并不需要我们做什么，而是平静地在场，与孩子保持连接。

让我们再看一个更生活化的情境。当孩子摔了一跤在哭泣时，妈妈过来抱一抱，温柔且平静地说："哦，摔疼啦，没关系没关系。"不论妈妈说了什么做了什么，只要她持续地提供平静和在场，孩子急促的呼吸和心跳就会渐渐平静下来，变得和妈妈同频。情绪也从害怕和沮丧中恢复过来。如果这样的互动经常发生，孩子就会知道，哭泣、难过、疼痛都不是什么大不了的事。就像下雨，等一等就会天晴。有的孩子在磕碰后会拍拍自己，并喃喃自语"宝宝不哭"，这就是内化了妈妈平静的在场，在练习自我安抚。这样的孩子长大了也会是情绪稳定的成年人。

相反，如果妈妈本身特别焦虑，那么她此时不管做什么可能都不会特别有用。更常见的情况是，人们都会下意识地逃避焦虑，比如制止孩子哭泣、训斥孩子"你怎么这么不小心"，或者切断情绪、进入理性的问题解决模式……这些都是在逃避情绪。当我们切断自己的情绪，自然就不能和孩子连接。此时，孩子哭泣的"症状"可能被压抑下去，或者吓得不敢表达，但这不是真正的安抚。因为停在"雨里"，没机会体验"雨过天晴"，从而形成一种根深蒂固的错误信念——如果让我哭，我就会一直哭；如果把情绪的阀门打开，我就会一直陷在里面。

另一个可能性是，如果孩子在负面情绪里体会到的不是被亲近、拥抱、陪伴，而是冷漠、抛弃、羞辱，孩子就会学到：哭泣、失败、疼痛是令人讨厌的，如果我表达出来，就会被抛弃。这让他们日后在受伤时反而更加封闭自我，不去求助。这显然是一种雪上加霜的应对策略，很多小挫折因为缺乏及时的照顾成为创伤。等他们长大一点，父母可能会觉得，这个孩子怎么那么敏感呢？这是因为当下一个不起眼的小挫折触动了之前没有被好好照顾的委屈。就像被纸划伤了手，虽然是个小伤口，但是如果没有及时照顾且经常划伤，也会给我们带来很大的困扰。

总之，可能与我们的直觉相反，情绪管理并不是找到一个方法把坏情绪扔掉，而是将之吸纳到更大的平静里。如果我们把这个"更大的平静"想象成大海，大海按照自己的节奏一下一下拍打着岸边，坏情绪就像扔进大海的石头，在当下会掀起尖锐的浪花，但最终会消融在海浪原本的节奏里。

正念瑜伽，修炼情绪的容器

假如父母的情绪足够稳定，可以给孩子提供一个相较于他们自己"更大的平静"，那是不是就足够了呢？我们还可以再进一步，有意识地教孩子如何从自身获得"更大的平静"，这就是本书开篇所提到的正念——我不是我的焦虑，我观察着我的焦虑。

正念既是一个古老的智慧，也是当下流行的概念。虽然它有不同的理论和实践，但本质上都分为两个部分——分离和连接。这两个看似矛盾的动作，却蕴含着神奇的智慧。分离——我不是我的焦虑。当我们能做到这样的分离，与焦虑相比，观察者就是那个"更大的平静"。连接——我观察着我的焦虑。用那个"更大的平静"盛住我的焦虑，允许它出现，不去逃避、消灭它。

已经有很多脑科学和生理科学的研究证明，正念可以帮助我们缓解焦虑，促进心理健康，增强大脑功能连接。从自体心理学的角度看，正念练习是在帮孩子主动地内化那个情绪稳定的妈妈。我们鼓励孩子去模仿那个情绪稳定的妈妈，模仿她平静、温柔地注视着她焦虑的孩子，既没有陷入孩子的情绪中，也没有切断与孩子的连接。

这个过程听起来可能有点抽象，不过本书提供了一些可爱的小练习，将正念的理念具象化。除此之外，本书的一大特点是在每个章节末尾，作者都介绍了几个瑜伽体式。瑜伽和正念有何关系呢？

首先，情绪和身体有密切的联系。如果观察自己的情绪非常抽象的话，我们可以先观察身体。比如，在看这篇文章的各位，你现在感受到什么情绪？或许是平静。那么再问问自己，你怎么知道自己感到平静呢？

如果我们观察身体，可能会觉察到：自己的呼吸和心跳比较平稳、比较慢，身体的肌肉比较放松，胸腔那块儿是空空的——一种与堵塞相反的感觉。同理，我们怎么知道自己在悲伤？我们可能会有种心脏被抽紧的感觉，胃里很重，或者鼻子酸酸的。我们怎么知道自己在愤怒？我们可能觉察到手不自觉地握紧，胸腔中有一股上升的气，或者感到一团火在身体里烧……

瑜伽，特别是本书中所列出的练习，不是单纯的身体训练，而是对身心联动的观察。当我们在做某个体式时，同时观察身体的感觉和心中涌现的情绪、想法，身体如同一个有形的容器，盛住我们的情绪和感受。我们看着这些情绪和感受在身体这个容器里起起伏伏。去体会，但不去评价，只是盛住它。随着慢慢练习我们就会发现，我们内在的大海越来越宽阔，越来越有自己的节奏，越来越能消化各种扰动。这样的情绪稳定不是麻木或理性，而是在敏锐的同时不失去稳定的内核。

亲子共读，先养育自己

读到这里，不知道读者是否会发出这样的感慨：好像没有学到多少养育孩子的技巧，反而都是在说父母自身有多重要。是的，这正是科学研究和临床观察得到的一致结论——孩子是整个家庭健康程度的晴雨表。孩子的问题往往都不是孩子自己的问题。如果父母能把自己照顾好，孩子自然不会有大问题。很多父母在孩子的教育或治疗上投入了大量的时间和金钱，如果能把这些投入的一半用在自己身上，很多问题都会加速解决。

特别是对于母亲来说。首先从文化上，我们的文化对女性，特别是母亲的"自私"深恶痛绝，女性更习惯以一个滋养、照顾、支持他人的角色出现，对自己的健康快乐关注甚少。其次，不可否认，十月怀胎，孩子和母亲的连接更加天然和紧密，母亲的生命状态对孩子影响最大。

除了前文讲到的心跳同频，很多研究都发现，最能预测孩子发展水平的指标是母亲的抑郁程度。母亲的幸福感比经济条件、社会地位、父母的受教育水平等都更加重要。这里要注意的是，母亲的幸福感不是我们时常歌颂的"为家庭操劳一生，看到孩子开心自己就开心"的那种幸福，而是作为一个普通人的幸福。这意味着她的个人生活相对自在，养育只是她众多的生命体验之一。

很多文化都过于强调母亲的服务功能（牺牲奉献），而忽视了榜样功能。如果母亲总是把孩子、家人的需要置于自己的需要之前，就不可避免地传递出一种"我不配"的低价值感。母亲是孩子的第一个偶像。在生命最初，孩子都是从妈妈身上获得自尊感的。如果妈妈有健康的自尊，孩子心里就会种下自尊自爱的种子；如果妈妈很自卑，孩子内心也会种下"不配得"的种子，为自己和妈妈感到羞耻。如果孩子认为自己是妈妈失去尊严的原因，就会感到沉重的内疚。这种带着羞耻和内疚的赠予，如果可以称为爱的话，也是一种给人压力而非助力的爱。羞耻让我们逃离，内疚让我们留下，很多人在这种反复拉扯中消耗掉自己的生命力。

母亲当然要回应孩子的需要，但不能以孩子为生活的中心，让自己耗竭。试想，如果我们住在一个房子里，这个房子的四壁都随着我们的喜怒哀乐而摇晃，我们也无法感到安全。母亲出于自我呵护的拒绝（"妈妈很累了，做不到这个"）的确会让孩子沮丧，但也让孩子感受到母亲的主体性。这让孩子学会共情、接受拒绝、尊重他人的边界以及（像妈妈那样）设定自己的边界、学会拒绝他人。

被牺牲奉献型母亲抚养长大的我们开始觉察和讨论"边界感""自恋型人格""讨好型人格"，这可以说是一种世代业力。我们在早年最亲近的人那里没有机会去学习两个人如何平等相处，要么站在剥削的一方，要么站在牺牲的一方。希望这样的觉察可以让女性懂得何为平等，当她们成为母亲时，结束这种业力循环。

总之，先照顾好自己，这是做父母的第一步。本书所说的自我呵护，不妨先用来照顾自己。我们都听父母讲过类似的话，"我当年可比你惨多了"。当我们试图为孩子提供更好的养育时，不可避免地会意识到自己作为小孩子时的遗憾和缺失。从某种程度上说，我们的创伤被激活了。但这也意味着我们有机会去看见并哀悼这些缺失。如果我们小时候在哭泣时没有一个温柔的抱抱，在我们教孩子正确的方式之前，要先给小时候的自己一个抱抱。

孩子是一面明镜，他逼迫我们去面对自己身上那些我们讨厌的、试图忘记的部分。如果我们仅仅试图改变镜子中的相，而不去面对自己，一切努力都是徒劳。如果我们能以温柔的心态面对自己，养育也是自我疗愈的过程。作为父母的你如果选择这样一条艰难却正确的路，相信本书会是一个很好的陪伴。任何我们想要带给孩子的，先带给自己。

庄　媛

中国心理学会注册心理师、认知神经科学博士

目录

导　言

　　是什么让我们心情振奋？如何才能让我们的内心保持平静？生活中，我们不可避免地会遭遇挫折，是什么让我们能够平稳地度过那些艰难时光？十多年前，一位朋友问我是如何保持乐观的生活态度的。朋友认为，由于我在澳大利亚悉尼的海边长大，才会有如此阳光灿烂的性格。但实际上，我成长于东欧恶劣的气候之下。对朋友的那个问题，当时的我无法给出答案，但作为一名心理学家，这一问题确实激起了我的研究兴趣。我深知性格的形成并不仅仅是阳光的作用。从很多方面来看，朋友的观点是对的——童年的我的确生活在一个能够给心灵带来滋养的地方，这使得我的整个童年都如田园牧歌那般美好，也为我的人生打下了坚实的基础。然而，人生无常，没有人能够避免遭遇逆境。后来，在不断与困境的斗争中，我终于悟出了当年朋友所问问题的答案：能够像山一样挺立的能力。

　　时光如梭，在过去的人生中，我经历了过程曲折的跨国迁居；经历了父亲的去世；而就在我还陷在丧父的痛苦之中时，我的孩子降生了。正因为如此，我深切地了解了"心理韧性"这一重要能力及其所包含的各种要素。上述那些人生苦难令我深受打击，一度导致我的生活状态跌落谷底，并促使我开始不断地回想朋友曾经提出的问题。然而，那时的我是如此伤心和疲惫，以至于没有办法进行正常的思考，既无法想出答案，面对生活也难以振作。幸运的是，通过有意识地重建自我呵护（self-care）的工具箱，以及一个个小小的振奋心神的"微时刻"，积极的人生态度再次闪耀光芒。在这段重新找回积极心态的过程中，我发现自我呵护真的可以让人发生翻天覆地的变化，是自我呵护支撑着我们，让我们感到乐观、平和、坚韧，能够像山一样挺立。

本书中有一个瑜伽体式以"像山一样挺立"（山式举臂合掌）来命名——进入那一体式，它将帮助引导你在思想和身体上拥有以下这些技能。

乐观的山顶：对未来充满希望和信心，就像山顶朝向天空伸展。

镇静的山体：保持平静和镇定，尤其在面对逆境时，就像山体一样，面对人生的挑战也屹立不倒。

坚韧的山麓：坚定不移又能重新振作，就像宽广的山麓，使我们坚守自我，又帮助我们走出困境，重新做回自己。

在试图克服悲伤情绪的过程中，我仔细地回想了小时候主要由父亲带领我参与的那些活动。那时候，我和父亲在靠近悬崖的地方散步，我们会历数沿途看到的各种鸟类，会看着礁岩上的渔民收获打鱼的成果，或者一起欣赏日落。从父亲身上我发现，他的自我呵护的能力体现在点滴的小事之上，比如他会欣喜地告诉我收音机里播放着他最喜欢的曲子，比如他会向我讲述"英雄往事"——在下山时，跑赢远比自己年轻的跑者。父亲离去后，我重拾父亲的这些做法，并且意识到它们非常有用，不但可以治疗我的伤痛，还能在我面对可能的挑战时，提供心理缓冲。现在，有了十年的"后见之明"，加上积极心理学中某些具体的观点，我相信每个人人生中都存在着一些重要的技能和习惯，能够帮助我们很好地改善情绪，同时提高我们的能量水平以及心智品质，并让生活充满乐趣。这些技能和习惯都是我们可以习得的。我的自我呵护工具箱很大程度上"继承"自父亲，我会与我的孩子分享这些技能和习惯，并见证它们发挥出积极的作用。

自我呵护是一把钥匙

自我呵护是当下非常热门的话题，但讨论的焦点主要集中在成年人身上。在这本书里，孩子才是我们要关注的重点，这本书会围绕"如何让孩子们做好心理上的准备以面对生活的压力"而展开，使他们即使面对艰难险阻，也能照顾好自己，勇敢地直面困苦。

压力在孩子的生活中几乎无处不在，这些压力来自繁忙的日程安排，来自表现自己的渴望，来自在社交媒体上经营线上生活的需要，还来自对电子屏幕的过度使用。这些压力意味着孩子需要拥有属于自己的自我呵护工具箱。在这本书中，我们将孩子视作与大人平等的家庭成员，从家庭整体的角度让孩子全程参与自我呵护，教会他们使用滋养心灵的工具；这本书同时还会向孩子展示简单的范例，让他们能够在生活中加以运用。

在日常的生活中，我们会告诉孩子刷牙的方法、健康饮食的重要性，也告诉他们如何安全地过马路。而本书从心理健康的角度，建立孩子的自我呵护工具箱，其中包含了帮助提高心理韧性的技能以及"情绪急救法"，这些技能和方法让孩子能够很好地驾驭难以应对的情绪，以应对生活的种种挑战。孩子或许也能通过潜移默化的日常积累学会这些技能，但前提是父母能够熟练掌握自我呵护的艺术，并成为孩子的榜样。本书将系统地提供自我呵护的工具，直接教会孩子如何进行自我呵护，同时为孩子量身定制了相应的练习方式，供他们独立使用。除此以外，书里也准备了一些适合家庭成员一起做的练习，这也是本书很重要的一部分内容。

儿童天生具有好奇心并且专注于当下，但学习从来不只是孩子的任务。本书中提到的"学习"不仅指孩子向父母学习，也同样鼓励父母观察孩子，并寻找机会向他们学习。

自我呵护，
让我们挺拔如高山。

当孩子一天天长大，直到步入社会后，他们能清楚地认识到自我呵护对人生是多么的重要。作为一名心理学家，我在工作实践中一直努力帮助每个人激发内在的潜能以滋养心灵，帮助他们将人生过得更加精彩。从几年前开始，有人向我寻求帮助，希望能让他改变自我，过上健康的生活。我的许多病人也告诉我，在他们的成长过程中缺乏这些滋养心灵的方法和习惯，而他们现在的生活并不美好。如今，有越来越多的父母向我求助，希望我能够开发出一个适合成人与孩子分享并共同使用的自我呵护工具箱，并帮助他们的孩子过好未来的人生。正是出于这一想法，我才写出了本书。

我真诚地希望你会喜欢这本书，希望你能和你的孩子一起学习书中的概念和做法，并从中获益。

什么是"自我呵护"？

尽管每个人都听说过"自我呵护"这个词，但它具体是什么，其定义仍然模糊不清，不同的人的解读也容易有所偏差。每个人对于同一个概念都会有自己的不同理解。甲之蜜糖，乙之砒霜，我们自己的需求也会随着时间的推移而改变。在能够有效地进行自我呵护之前，我们需要对它做出适当的操作性定义，也需要打造一个普适的方便使用的工具箱。

为了尽可能简洁，我将这本书的核心理念定义为"自我呵护就是健康的呵护"（self-care is health care）。自我呵护就是对头脑、心灵和身体的滋养。除此以外，自我呵护还有第二重含义，让你明确地知道什么是真正的滋养行为：自我呵护不仅会滋养当下的你，也就是滋养"现在的自己"；它也能够对"正在成为的自己"，也就是"未来的自己"有益。增加这一重含义是为了让你明白过犹不及的道理，防止你将"自我呵护"变成"自我破坏"。比如说，巧克力确实可以让人快乐，吃一小口巧克力可以称得上是自我呵护，但如果吃一整条巧克力，并导致损害了睡眠，人们就很难感到平静和愉悦了。

　　在选择滋养心灵的方式时，你要确保"现在的自己"和"未来的自己"都能从中获益。这里需要特别指出，自我呵护并非都是简单的"小技巧"，你也并不会一直感觉到舒适。因为自我呵护不仅仅是对心灵的治愈和照顾，有时也会为了身心真正的健康，而让你去做自己最不愿意做的事情。

　　在此，我要引入"能量银行"这个概念，它能帮助我们将自我呵护真正融入生活。就像汽车需要燃料才能行驶一样，我们需要能量来驱动自己度过当下的每一天以及未来的人生。自我呵护能够让你重焕活力，为自己的能量银行充值。你的能量值越高，你就越容易应对日常所面临的挑战；如果能量银行余额不足，你就很可能遭遇能量破产。油箱空空的汽车对任何人都是无用的，破产的能量银行也是如此——而这样的事情在每个人身上都有可能发生。因此，你需要定期的自我呵护以提高心理韧性，从而以更大的灵活性来应对生活中发生的每一件事情——无论你正走在平坦顺利的人生道路上，还是面对人生的下坡路。

　　成人如此，儿童的生活亦是如此。

我们为什么需要自我呵护？

» 学会自我呵护，我们更能自如地应对生活中的任何事情。无论是在年幼时还是在成年后，我们都会在生活中遭遇压力。有些情绪和事情是难以应对的，人的身体或精神也容易犯错，它们的形式也是多样的：可能是失去亲人，也可能是在上幼儿园时向父母告别。自我呵护能够帮助我们有效应对这些时刻。

» 学会自我呵护，我们可以用它来恢复自己的精力。每天的生活充满了挑战，我们需要通过自我呵护来放松、治疗身心的疲倦、处理内心的活动，并从各种负面情绪中解脱出来。

» 学会自我呵护，我们可以建立心理保护缓冲区，面对未来的挑战会更无惧无畏。如果能主动补充能量，你会感到心理韧性的变强。能量水平也会影响到你对生活的理解——那些在疲惫不堪时有可能压垮你的事情，在心态平和时可能只会让你感觉有一些不适；而在精力充沛时，困难对你而言只是一些小小的刺激或是成长的机会。所以，如果心理、情绪和身体都得到悉心的呵护，即使在生活中遇到问题，我们也能灵活应对。

» 学会自我呵护，我们更能够成为最好的自己。学会自我呵护，我们更有可能过上自己渴望的生活，实现自己的梦想。在对自己的头脑、心灵和身体进行滋养时，我们也会成为一个善良、有耐心、高效的人。

» 孩子学会自我呵护，会让情绪变得稳定，家庭氛围也会更积极健康。在家庭中，大人们进行自我呵护的经验是孩子建立自己工具箱的参考，因此我们需要积极为孩子树立榜样。如果可能的话，让孩子亲自进行自我呵护的实践。作为成人，我们要告诉孩子为什么需要自我呵护，也要向他们展示该如何进行自我呵护。这不仅能帮助孩子成长，还能加深家庭成员之间的情感，促进家庭整体的和谐健康。以此为起点，我们能够不断在积极的方向上获得巨大的进步。

自我呵护是对头脑、
心灵和身体的滋养。

自我呵护该如何进行？

想要在生活中进行日常的自我呵护，我们可能需要搭建一个框架体系，它能使自我呵护更有效。一旦有了这个框架体系，每个人的自我呵护模式便可以固定下来。这样的话，当需要"调用"适当的自我呵护形式时，你就可以有所参照，并迅速锁定。

在本书中，我创建了一个叫作"活力之轮"的框架。这个框架包含了八种不同的自我呵护方式，"活力之轮"的每一条轮辐都代表了一种滋养心灵的方式。需要说明的是，"活力之轮"上不同轮辐所包含的意义并不互斥，你会发现某一种自我呵护的行为同时被好几条不同的轮辐所解释。为什么我们需要"活力之轮"？因为它可以让你直观地确认面对当下的情况哪些方式是有效的。

你可以把"活力之轮"的轮辐都看作一个个选项，选择了哪条轮辐，就可以按照相应的方式去使用。当然，你并不需要同时使用所有的方式。随着兴趣自然而然地发展，通过深入阅读这本书中对应的章节，你会清楚地知道到底要选择"活力之轮"上的哪些选项。本书会提及许多常见的概念，所以你也可能在生活中已经做到了书里给出的某些建议。当然，书中介绍的一部分工具和观点也可能对你来说是完全陌生的，但这也无妨。

我想对阅读这本书的父母说，书中提供的一些方法或技能可能会让你们感到无从下手，但是从孩子的角度来说，或许他们天生就更容易接受这些技能，所以我们也可以向孩子学习。我乐于见到你和孩子平等地交流，你可以想想书里的哪些工具是你第一次见到的，哪些工具是有难度的，借此机会，你可以为孩子树立一个好的"初学者"榜样。当你和孩子作为初学者一起探索、发展某项自我呵护技能时，请一定要珍惜这段经历。在阅读这本书的时候，你还有可能会发现自己已经掌握了同一领域某些方面的知识和技巧，但是也可能会发现在另外一些方面仍须努力。比如，尽管充分了解了健康膳食的知识，但是你的烹饪技术却依然有待提高。

我很喜欢和自己七岁的孩子在厨房里一同探索，我们对烹饪的了解都不多，都是新手。在探索的过程中，我想教给她的不仅仅是烹饪这项技能，还有带着好奇心、兴趣和自我对话式的建构思维，去学习一项新技能。而这一过程也加深了我们之间的联系，亲子陪伴的质量也随之提高。在"活力之轮"中，我们并不需要完全掌握所有的自我呵护方式。但从另一个角度来说，如果能尽量多学一些，就更有机会丰富自我呵护的技能组合，并且对自身整体能力的增强也有裨益。

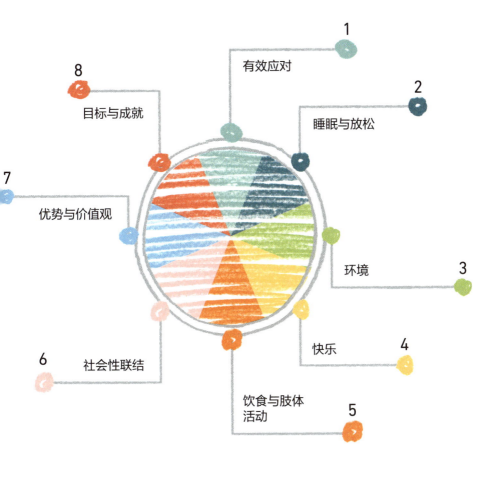

1 有效应对
2 睡眠与放松
3 环境
4 快乐
5 饮食与肢体活动
6 社会性联结
7 优势与价值观
8 目标与成就

"自我呵护就是对健康的呵护"——说起来容易，做起来难

一般来说，亟须自我呵护的时刻，正是我们感到不堪重负、疲惫或处于愤怒情绪之中的时候，但这也是我们的大脑很难进行理性思考之时。因此，我们需要把自我呵护的工具箱以书面的形式记录下来。效果最好的方法就是把"活力之轮"打印出来，并以自定义的注释做笔记，这样你就可以直观迅速地知道哪种形式的自我呵护可以在当下真正滋养你的心灵，然后你就可以具体思考该轮辐所启发的工具或策略（见第11页）。

我们都知道为了健康应该做些什么，但诚实地承认吧，做到自我呵护并不是件容易的事，人们也不会总是选择健康的生活方式。坦诚面对这种本性，然后克服它，让自己自律起来。虽然仅靠意志力并不足以支撑我们的人生，但我们必须克服这一缺陷。对此，请你试着创建一个"自我呵护日志"，它可以帮助你有效地克服这一难题，同时它也可以不断地激发我们的灵感和积极性。

自我呵护日志

我希望，每一位父母都为自己准备一本自我呵护日志，同时也为自己的孩子准备一本。对于成年人来说，日志会记录你的目标和选择，可以在不知不觉间提高你的责任感，也可以跟踪你在自我呵护上的进步、识别出自我呵护的模式并体现出已经获得的成就。它同样可以用来记录快乐的回忆和感恩的情绪，你可以在其中整理图片、信件、文章和名言，就像在愿景板（vision board）上那样尽情发挥创意（见第168页）。对于孩子来说，自我呵护日志不仅是一件以图画方式记录亲子间共同经历的艺术品或手工作业，也是孩子创建属于他们的自我呵护工具箱的工具，比如在里面写下"当我无法入睡时该怎么办"的解决办法。

每次和女儿讨论完她在一天中所面对的难题，我们就会在她的日志中写下一笔。之后，她会经常重新阅读这些日志，在不断复习的过程中丰富、强化自己的工具箱。我们还会把瑜伽姿势、正念技巧和感恩练习也写进日志，每当女儿需要补充能量或保持平静的时候，她就可以翻开日志从中汲取力量。

当我感到困惑不解时，我会……

如何有效地使用这本书?

从结构设计的角度来说,这本书是写给家长的。前面提到的"活力之轮"就是本书的框架,而"活力之轮"上每种自我呵护的方式都对应着一个章节,其中既包含了文字内容,也包含了可以与孩子分享的练习和图示。阅读这本书可以有多种方式,你可以从头到尾读一遍;可以直接翻到和自己的家人最有共鸣的章节;你还可以和孩子坐下来,一起按照书中的指导行动。如果需要的话,你可以从书中学习一些有用的概念,帮助孩子克服情绪上或生活中的困难。

本书设计了很多有用的小提示和工具,它们是我作为心理学家、私人心理教练和瑜伽教练几十年工作经验的所得。从我的经验来看,心理健康和身体健康之间实际上没有本质区别,不同之处只在于改变的媒介不同,有的改变是身体的,有的改变是精神的,有的只是改变呼吸。所以,在每一章当中,我都会提供一系列不同媒介的活动供你选择,有些活动借助运动来进行,有些是通过改变我们的思维方式来实现,有些则涉及呼吸、正念或冥想。不过根据我的经验,最简单的方法是动起来。肢体活动对儿童具有天然的吸引力,这也是培养正念技能的一条简单路径。因此本书的每一章都介绍了一些瑜伽体式供读者尝试。当你向孩子介绍自我呵护的概念时,可以试着从这里入手。

为了将自我呵护真正运用到我们的日常生活中，书中的一些观点可以成为某种意义上的借鉴，帮助你重新定义属于你自己的"活力之轮"。你只需在纸质版的"活力之轮"上记下最有共鸣的活动，并以此为依据创建属于你自己的自我呵护工具箱。这样的笔头工作可以帮助你和孩子在以后的生活中迅速有效地应对一切可能的情况——比如需要增强信心或平静下来的时候。在每一章的末尾，我都会提供一些工具箱范例，希望它们可以给你一些启发。

导　言

自我呵护的重要性在前文中已经被多次提及，每个人都需要意识到自我呵护的必要。在和孩子一起读这本书时，你可以谈谈在这本书中读到的有关自我呵护的观点，以开放的方式和孩子交流你们的自我呵护工具箱。开放式交流有很多种，你可以与孩子说说做瑜伽的好处，鼓励他们一起参与进来，这意味着他们可能会爬到你的背上。你也可以向他们展示睡前的舒展体式或是激发自我勇气的体式。如果你以前从未做过瑜伽，那么作为初学者，你可以和孩子一起享受探索这些瑜伽体式的乐趣。

除了瑜伽，你还可以和孩子谈谈在感到焦虑时可以做些什么，告诉孩子行之有效的呼吸技巧或应对策略。当周末来临，你觉得极度无聊或者脾气不佳时，也可以参考"活力之轮"的说明，选择一个能够滋养心灵的行为，让孩子和你一起进行。要知道，熟能生巧会带来良性循环，对自我呵护谈论得越多，自我呵护的实践路径就越明晰，我们也就越容易采取这些实践，并且达到更好的效果。

本书的主要特色在于给你提供大量的自我呵护选项，这些选项在生活中简单易行，很容易学会。在你的鼓励下，孩子会感到自我呵护已经成为成长生活的一部分，就像每天刷牙一样，已经成为他们人生中必不可少的部分。自我呵护工具箱会让你的孩子以及整个家庭都受益无穷。请尽情享受与孩子一起探索自我呵护的乐趣，并目睹美妙之事的发生吧。

对自我呵护谈论得越多，自我呵护的实践路径就越明晰。

1

不要怕！让孩子
快乐起来没那么难

对于每个人来说，现代生活既是充实的，又是快节奏的。如今，我们的孩子正面临着（与我们过去）不同的童年环境，他们需要面对新的压力和挑战——为了"出人头地"所承受的巨大压力、早餐俱乐部①、课后俱乐部②、课外活动的安排、电子屏幕和科技产品的过度使用；随着孩子们年龄的增长，他们还要在社交媒体上面对网络生活。就像过去几十年人们开展了许多围绕健康饮食和体育健康的公共卫生运动一样，现在的我们已经逐渐接触到更多关于培养心理和情感健康的信息。这些信息是很有必要的，因为无论是成年人还是孩子，焦虑症和抑郁症的发病率都在上升。好在有不少习惯和做法可以帮助我们增强心理韧性，提供压力下的保护性心理缓冲。如果能够拥有一套普遍适用的应对工具，成人和儿童都可以从中受益。本章介绍了一些关键概念，比如正念、情绪急救和"成长型"心态。你还将学习具体的做法和策略，帮助你和孩子直面困难，迎接挑战。

---

① 在英国，学校早餐俱乐部的开设是为了保证孩子们在上课前吃上健康早餐。——译者注
② 课后俱乐部是放学后的俱乐部活动。——译者注

正念，一种重要的应对策略

轻松平和的生活节奏离不开正念这一概念。正念是一种非常重要的应对技能，能够帮助我们管理自己的思想和情绪，同时它为许多其他的自我呵护实践打下了基础，比如品味（savouring）[1]和感恩。因此，我们首先要明白正念是什么——它的概念到底是指什么？在实践层面上，正念又是怎样让人觉察自身的？总的来说，从自我呵护的角度看，正念是落实自我呵护的根本——没有正念，你就不可能知道自己需要什么。正念让你能够仔细地审视自己的身体和心灵，并关注自己的感觉，最终选出最符合自己需要的心灵滋养方式。如果家庭成员都能够熟练掌握正念的方法，他们就更容易共同应对压力。在和谐的家庭环境中，即使面对挑战，他们也能予以克服，并且全身心沉浸于那种成功的喜悦之中。

当一个孩子正沉浸于游戏中时，你会发现他们已经不知何时，自然而然地熟练掌握了正念的某些内容。这样的观察是否对你有所启发？作为父母，我们需要重视孩子身上这种自然内发的能力，告诉孩子在游戏以外的时刻如何运用已有的正念技能，他们会逐渐认识到，游戏中的专注同样可以帮助他们解决其他问题，从而走出阴霾。因此，父母需要告诉孩子什么是正念、如何进行正念练习，这样他们就能在生活中灵活运用这项技能。

---

[1] 品味是积极心理学中的重要概念，由社会心理学家弗雷德·B.布莱恩特（Fred B. Bryant）等人在2003年提出，国内引入此概念后率先翻译为"品味"，此后心理学和教育学业内一直沿用。通俗地来说，品味是指享受生活中的积极体验的能力，它指一个享受、积极主动的过程，对任何经历都欣赏性地接受。——译者注

正念是什么？

在离开澳大利亚四年后，我和家人第一次重回故乡。旅途中，我们一行人的情绪可谓百转千回，不好的事情会让我们沮丧，期待已久的事情也会激起巨大的情绪波动。如果没有掌握正念的技巧，我可能会一直低落——也许会花上整整两周时间来比较英国和悉尼生活的不同，并在其中不断挣扎；当面对母亲时，我可能会想到她未来也会离开人世，悲伤情绪也随之而来。在正念的帮助下，我更容易留意那些萦绕周身的情绪旋涡，并坦然地接受它们；同时正念也在一步步转移着注意力，让我从不好的情绪中抽身，转向关注那些在我面前亟待发掘和体验的潜在快乐上。反观我七岁的小女儿，她在整个旅途中都非常兴奋。从一开始，她就一直询问我们："到底什么时候我才能去玩小时候做过的游戏？"虽然一直牵挂着这件事，但正念会让她更集中于眼前的事情。即使眼前进行的事情并非如她所愿，她依然能够保持心态稳定，因为她知道以后会有很多时间去做她想要做的事情。在即将离开悉尼时，也是正念使我们专注当下，不会一直因为旅行快要结束而难过。

从以上我的个人经历可以看出，正念可以将我们和当下联系在一起，它让我们关注周遭正在发生的事，感受此刻的内心感受。不管我们当下是怎么想的，不管正在发生什么事，正念都只将我们"禁锢"于眼前这一瞬间，让我们不会为了已经发生或未知的事情而感到忧心。换句话说，正念就是联系我们与"现在"的一双"新眼睛"，是我们感受当下的新通道，让我们有针对性地做出应对，而不是感到茫然。正念的意义就在于告诉我们，无论正在做什么，都要全神贯注。只有以眼前的事情为目标，我们才有可能在高效的同时保证结果良好。多任务运行并不完全是"高效"的代称，因为同时处理几件事情会减少你在每件事上所分配的精力，还会增加压力和挫折感，让精神能量流失。

无论正在做什么，
都要全神贯注。

通过上面的描述，你应该已经充分了解了正念的核心——正念需要我们真正关注自己所处的当下，专注于正在发生的事情。它要求我们带着真实的主观意愿和清醒的态度去体验生活。想要真正理解正念的内核，我们还需要把它和"接纳"联系起来：无论我们有什么喜好，都应当"接纳"所有事物真实的样子。一件事物看上去是什么样，它就是什么样。如果整日沉迷于内心对话（inner dialogue），沉迷于对以往经历的判断或担忧，我们就无法和当下发生的事情产生联结。当然，这并不意味着必须无时无刻关注当下，我们还是可以做做白日梦，而为了解决问题，我们也可以为过去和未来感到忧虑。但正念可以让我们回到掌控生活的位置上，让我们可以选择如何驾驭自己的思想。

　　我们内心的不适感通常来源于对当下发生事件的评判。我们有时会想，某件事不该是这样，甚至会认为某件事本不该发生，或者不该是这样的过程。正念会让我们关注一件事情的真实情况，而不是抵触它或无谓地希望它没有发生。毕竟无论我们喜欢与否，这件事都已经发生了。然而，我们也并不是只能做时间的见证者，相反，我们仍然需要对正在发生的事情做出相应的反应。正念只是提供了让我们认清自身感受的机会，从而看清事态的本质。无论它将如何发展，我们都可以想出合适的方法加以应对。正念也会让我们切实地体验到生活的美好，抓住每一段美好时光并从中汲取力量。当处境艰难时，正念也会为我们减轻痛苦。

还有一个有关正念的重要认识，需要由我们来告诉孩子。了解这一点可能是非常重要的。当学会了正念，我们每一天都能敏锐地察觉到自己的思维活动、情绪、记忆和感觉是什么样的。在此基础上，最关键的是务必要告诉孩子：你的想法并不能代表你自己，你只是产生过这些想法；你的情绪并不能代表你自己，你只是体会过这些情绪；你的记忆并不能代表你自己，你只是拥有了这些记忆；你的感受并不能代表你自己，你只是察觉到了这些感受。这个说法是不是很新鲜？如同体验天气变化，我们只是在体验思维活动、情绪、感知和记忆的动态过程。你并不会被自己的状态所决定，你只是所有状态的见证者。换句话说，正念强调的重点是如何与内心的思维和情绪共处。在这个过程中，语言的力量不可忽视。与其给自己贴上"易怒"的标签，不如说"我感到愤怒"，因为在后一种语境下，你会觉得愤怒的情绪更容易处理，它只是暂时的。你脑海里有时可能会闪过一个不好的想法，但这并不意味着你是一个糟糕的人。想法本身并没有那么大的预言性，它们只是我们心中的闪念，就像阵雨或浮云。我们将在"蓝天之心"（见第26页）和"正念步骤'一二三'"（见第28页）的正念实践中进一步探讨这个概念。

如何学习正念？

正念练习是将思绪不断唤回并专注于"现在"的过程，因为我们的大脑每一刻都在运转，思维四处游移，产生大量的想法。正念并不要求清空大脑里的所有思绪，因为大脑本身就是用来思考的，就像眼睛是用来看的，耳朵是用来听的，所以你不必担心思绪的产生，也不必阻止它。本书的每一章都有许多不同的正念练习供你尝试，每一种练习都会让思绪专注在不同的事物上，比如呼吸、思维活动、感受、身体感觉、肢体活动、饮食、某句话或某个声音。书中给孩子提供了很多儿童游戏，它们可以有效地提高正念的水平，比如拼图、乐高、记忆游戏、折纸、涂色游戏、橡皮泥，还有我最爱的积木。这些游戏训练可比正式练习简单得多。孩子在游戏中也能知道"犯错误"并非世界末日，这只是生活的一部分。

这些游戏本身并不代表正念练习，如果想要赋予游戏活动以正念练习的意义，你需要调动所有的感官全神贯注于这些游戏本身。一旦大脑想要做出评判，或者开始分心于其他事时，你一定要重新把思绪拉回来，保持专注。成年人做正念练习时，请把手机放在看不到的地方，比如放在另一个房间里。身处信息时代，手机太容易让人分心了。

你的想法并不能代
表你自己，你只是
产生过这些想法；
你的情绪并不能代
表你自己，你只是
体会过这些情绪。

如何在实践中培养正念的能力

"蓝天之心"

找一个舒适的地方，无论是室内还是室外，无论坐着还是躺着，只要你能保持完全放松，请闭上眼睛，保持大脑清醒。这时，请全身心地感受你的身体、呼吸与思绪，让所有的想法、情绪、感觉和记忆随性产生。不要抗拒它们，但也不要沉湎于此，你只需要感知它们的存在。

请你想象一下，眼前是一片广阔的蓝天，每当有想法、情绪、感觉或记忆碎片出现时，它们都会化作天空中的一朵云飘走，下一朵云继而出现。不用被思想、情绪或感觉所禁锢，你只是那一望无际的天空。保持放松，保持这样的状态，用心灵的眼睛平静地看着那些"云朵"的往来。

"正念之罐"

拿出一个干净的空罐子，在罐子里放一小勺闪光剂或星星粉并倒入三分之二的水，如果可以的话还可以滴一两滴食用色素，做完这一切后，拧紧盖子。

你可以向孩子解释罐子的用法：每当心乱如麻或思绪亢奋时，他们就可以用上这个罐子。先摇一摇这个罐子，然后握住罐子不动，看着罐子里闪闪发光的物体缓慢地旋转下沉。这就像我们的思绪——时而混乱繁忙，时而平和安静，这都是很正常的现象。

让我们安静地坐一会儿！放缓呼吸，洞察内心的想法，让思绪逐渐放松并沉淀下来，就像罐子里的光点。当内心动荡不安时，我们很容易在面对问题时不知所措。而在平心静气时，我们反而更容易找出解决问题的办法，也更容易向别人倾诉那些令自己难过的事情。所以，当你想要安静下来的时候，就使用"正念之罐"吧。

正念瑜伽

每个瑜伽体式都可以培养正念能力。瑜伽不仅仅是单纯的肢体伸展活动，也是身心健康的练习。虽然我们通常认为瑜伽是一种运动形式，但其实它的内涵并不仅限于此。瑜伽能将自我意识锚定在呼吸或体式的肢体感觉上，这让瑜伽可以成为一种正念冥想练习。请牢记这一点，并正确对待书中所有的瑜伽练习。

正念步骤"一二三"

以下我会介绍培养正念的快速操作指南，你可以用这个指南来处理、控制感到棘手的想法、感觉或境遇。

» 深呼吸几下，什么也不要做，你只需感受一呼一吸。

» 对周围和内心保持敏感，充分感受自己的心跳、肢体和呼吸的感觉，感知任何想法或情绪的产生。无论它们是否让你感到愉悦，要认可这些事情都是正在发生的。看看自己是否能坦然接受它们。接受吧！本该如此。

» 如果想要做出反应，请选择你的回应方式。好奇心、同情心，以及一点风趣、灵活的元素，能帮助你做得更好。

呵护你的"心灵花园"

通过这个练习，你将学会选择让自己专注于当下的方式，以及了解你的想法是什么。首先要声明，我并非要对你的想法设限，无论产生什么样的想法都没问题，重要的是要认识到你可以选择。与其和那些令人难过的想法纠缠，不如把自己引向那些更有建设性和实际帮助的想法。

想象一下，你的心里蕴藏着一座花园，心中每一个冒出来的念头都是一株破土而出的植物，时间与精力就像雨露日光一样呵护着它。你是这座花园的主宰者，可以选择用心栽培自己喜欢的植物，抑制那些并不喜欢的植物。平时可以留意一下，自己会在刻意关注某个念头上花费多久时间，在心灵花园里，你也要牢记，爱护自己选中的花朵。每当发现自己花时间在无关的观点上时——也就是在心灵花园里灌溉其他无关的植物——你要及时意识到这一点，重新将水流引向你想要照料的花朵。经过有意识的引导，你一定会看到，正因为有意识地选择特定的念头，对它们倾注心力，最终，它们会开出让你欣喜的花朵。

念出咒语："我沉浸于此刻"

它能让我们进入正念状态，获得心灵的平和。请告诫自己：别相信你所想的一切！想法仅仅是想法，它来了又去，而不是客观事实。

为咒语或者曼陀罗（Mandala）涂色

为咒语或者曼陀罗①涂色是一项既适合孩子又适合成人的活动。在这个活动中，你要全神贯注、有目的地选择颜色。请你注意铅笔在纸上滑动的感觉、铅笔在你手中的感觉；你可以变化笔尖触碰纸面，享受表达自己的这一刻。如果你想更自由地创作，也可以跳出涂色框来画画。无论是涂色还是画画，选择权在你手里。

---

① 曼陀罗是佛教的图像，通常被认为是理想宇宙的图示或象征。——编者注

配置你的情绪急救包

人们用药膏治疗擦伤和割伤，用冰块治疗瘀伤。同理，也需要能抚慰受伤情绪的"药品"。这些"药品"能够帮助孩子接受、识别和管理他们的情绪。情感急救与处理生理性伤害还是有区别的，出现瘀伤、擦伤或割伤时，我们首先要做的是缓解疼痛，促进伤口愈合，并从根本上修复受损伤的身体；然而情绪和身体不同，情绪是无法被快速修复的。

我清楚地记得在女儿五岁时，她最好的朋友要离开学校，她因此悲伤不已。作为母亲，我的第一直觉是希望她不再痛苦，停止哭泣，也想迅速"修复"她——让她重新快乐起来。就在那一刻，我意识到虽然这是一片好心，但自己依旧可能会对女儿造成伤害。她对朋友的离开有这样的情绪反应是完全正常的，没有任何不自然的地方。但是在这一情境中，她也需要他人的支持，来帮助她管理并驾驭这种情绪。面对好朋友的离开，她必然会感到悲伤，我不应该剥夺她悲伤的权利。我能做的情绪急救措施就是与她共情。首先，我让她知道在这种情况下，悲伤是正常的反应，而悲伤会随着时间的流逝逐渐消散。为此，我为她提供了一个有安全感的环境，然后讨论她的想法和情绪，进而可以进一步探索除了悲伤，是否还存在其他情绪，比如对朋友之间美好友情的感激。当女儿感觉好些之后，我试着通过和她一起做瑜伽来安抚她，并让她坐在桌前，记下与朋友保持联系的办法。后来，当我的父亲去世时，女儿为失去外祖父感到伤心，并提到对远在异国他乡的外祖母的思念时，我们又补充了这个情绪急救包。

以上所述都是实际生活中可用的情绪急救方法。在遇到相似的情况时，你应该首先确认孩子的情绪，给他们提供合适的工具来体会自己的感受，并让他们表达出这些感受，以帮助他们渡过难关。紧接着，你可以采取一些必要的行动来安抚或改善孩子的情绪。

每一种情绪都有它的
位置，每一种情绪都
是可以被接受的，认
识到这一点会让孩子
终身受益。

让我们谈谈情绪

描述情绪的语言在情绪察觉中是非常重要的。我们时常将情绪简单地定义成"好情绪"或者"坏情绪",但这可能会影响我们对情绪的体会,也会影响我们对自己的感知。让孩子清楚地知道所有情绪都是可接纳的,这会让他们获益终身。无论是舒适愉快的情绪,还是痛苦难受的情绪,它们的存在都是合理的,能感受所有情绪说明我们的身心是健康的。通过正念,我们可以有选择地对待这些情绪。千万不要试图根除任何情绪,因为压制情绪反而会让情绪愈演愈烈。即使进行压制,情绪还是会流露出来,甚至还会不合时宜地像火山一样爆发。压制情绪也会导致一系列的问题,比如消化问题、心脏问题、高血压、肢体疼痛、过度紧张、焦虑和抑郁。比起给情绪贴上"好""坏"的标签,或试图将愉快的情绪放大,更有效的方法是内省。我们要问问自己:这种情绪是否合适、是否有意义?应该如何安全地表达情绪?这就是我们在情绪急救包中探讨的内容。

情绪是什么?其目的又是什么?

情绪承载着有关自我的信息,它一旦出现,就是在提醒我们要对现状有所应对了。从这个角度来说,每一种情绪都是有意义的。然而你要特别注意,情绪只是示警,它们并不是绝无差错的真相,所以我们需要对情绪进行检验和辨别。我们需要问问自己,这种情绪到底是什么?是悲伤的情绪还是别的情绪?即使我们身处某种情绪中,仍然要反问自己,这种情绪的产生符合当下情景吗?这种情绪对我们达到预期结果有意义吗?要知道,情绪通常是短暂的,我们也可能同时处于几种情绪中,所以必须时刻保持探索情绪的好奇心。

不同的情绪传达了不同的信息，也让我们能停下脚步，静下来反思情绪、选择处理情绪的方式。如果能了解不同情绪产生的缘由，会对我们反思、处理情绪非常有帮助。

愤怒产生于感到受威胁、受阻拦或受到不公平待遇的境况。它给予我们以勇气，让我们准备好保护自己和我们在意的人。

尴尬是一种信号，表明我们犯了一个错误，需要进行某种纠正。

焦虑是在提醒我们注意潜在的危险。

内疚表明我们违反了道德准则，应当纠正行为或者弥补所犯下的过错。

怀疑促使我们对自己的能力进行检查和评估，它鼓励我们在劣势方面付出努力。

悲伤呼吁我们放慢脚步，进行反思，花些时间来保存心灵能量。

孤独是一种信号，提醒我们需要保持社会联系。

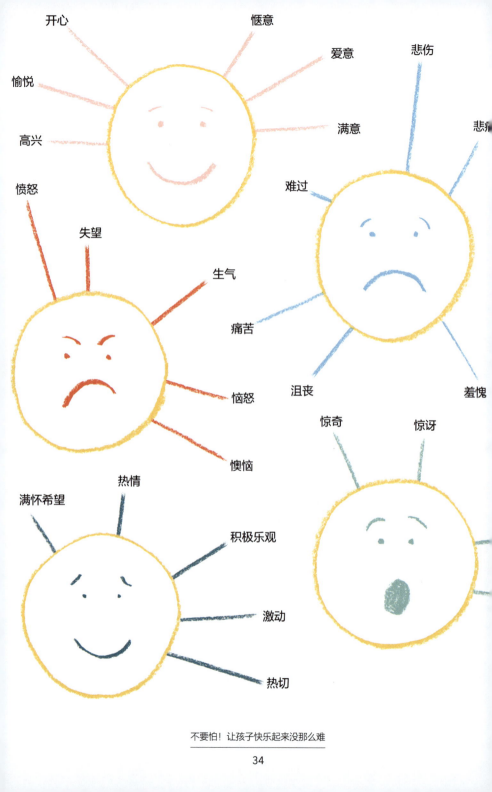

开心　　　　　　惬意

愉悦　　　　　　　爱意　　悲伤

高兴　　　　　　满意　　　　悲痛

愤怒　　　　　　　　难过

失望

生气

痛苦

恼怒　　　　沮丧　　　羞愧

懊恼

惊奇　　　惊讶

热情

满怀希望　　　　积极乐观

激动

热切

与你的孩子坐下来，看看图上标出的种种情绪，并聊聊它们。

看看这张图，你可能会惊讶于情绪的类型居然如此繁多。这张情绪图的设计初衷在于提高孩子的情绪素养，拓展他们的情绪词汇储备，同时让他们能够识别自己的感受。研究表明，能够阐明和区分各种情绪的人在紧张或生气状态下更容易处理好所面对的问题。另一项研究证明，能够运用丰富的词汇来定义自己当下情绪的人的攻击性更低，无论是进行语言攻击还是肢体攻击，他们都要比难以弄清自身感受的人少40%的行动可能性。

能够成功地识别和表达自我的感觉只是第一步，紧接着我们就需要制定策略来克服情绪。让孩子们以健康的方式标记、接受和处理自己的情绪，这样就能不断提高孩子的情绪灵活性。正念在这一过程中至关重要。

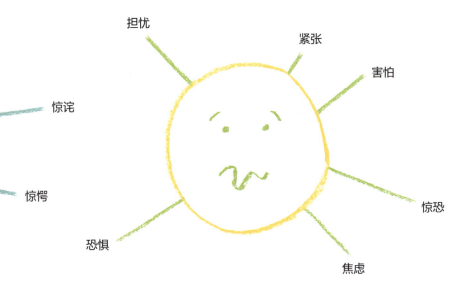

练习：感受情绪的分步骤指南

协助你的孩子学会感知情绪并接纳情绪。要注意的是，如果扼制孩子的情绪，情绪可能会从其他地方冒出来。每种情绪都有其定位，然而感受是可以迅速改变的。记住，情绪是什么并不重要，重要的是感知情绪的过程。

» 你能说出它的名字吗？

» 它正在身体的什么部位？

» 你能用语言描述它吗？

» 你能把它画出来吗？

» 你能将它比喻为某一种形状、颜色或天气类型吗？或者也可以尝试利·沃特斯（Lea Waters）教授的建议，将情绪描述为某一种动物。

» 你能感觉到它的变化吗？当深呼吸的时候，内心有什么变化？

» 你能以对待朋友的方式对待它吗？不用想着去改变它或是压制它。请任由其发展，你的内心有什么感受？当对它表示好奇时，内心又有什么感受？

» 它想让你做什么，或者说它有什么信息传达给你？

» 面对它，你能做些什么？你将如何表达自己的感受？你会用什么有效的方法面对它？聊聊它，写一封信记录它，还是在你的自我呵护日志中记录它？通过调整呼吸、做肢体动作会让你感到更舒适吗？让身体动起来可以很好地改变感觉，请试着跟着本书中提出的瑜伽体式做一做。瑜伽可以帮助你正确地管理特定情绪。

培养"成长型"心态

对学习、犯错的态度以及对自己能力的看法，很大程度上会影响到我们的表现、坚韧的品质、快乐的心态和自信的态度。在这一点上，孩子会以我们为榜样，紧紧跟随。因此，父母们要积极地以身作则，帮助孩子培养出如卡罗尔·德威克（Carol Dweck）所说的可以不断变化的"成长型"心态，而不是"固定型"心态。如何理解"成长型"心态和"固定型"心态？具有"成长型"心态的人通常认为自己是可以灵活变通、不断发展的，而具有"固定型"心态的人则认为自己的个人素质是固定的、不可改变的。如果孩子拥有了"成长型"心态，他们就能最大限度地发挥潜力，利用与生俱来的优势，其后天的品质也会得到提升，面对失败和挫折时的心理韧性也会得到增强。

我们如何培养孩子的"成长型"心态？最核心的一点是要让孩子接受自己只是一个初学者这一现实。我会告诉孩子，在面对新事物时，你不必先想着如何完全掌握它，而是应当用好奇的眼光端详它，对目前尚未掌握这件新事物的自己宽容一些，因为你时刻都在成长进步。对于初学者来说，我们还要谨慎使用语言描述自己或他人的能力表现，无论是口头描述，还是在心里自言自语。

与其说……	不如说……
我做不到。	我正在学习去做或正在为做这件事打基础。
我不会系鞋带。	我只是目前还不会系鞋带。
我的数学一团糟。	在遇到数学问题时，我需要给自己更多的思考时间。只要慢下脚步，深呼吸几次，我就能知道自己应该从哪儿入手了。哪怕思路卡住了，我还可以寻求他人的帮助。
我的字写得很差。	我一直在练字。

千万不要认为犯了错误就证明你有性格缺陷，或能力不足。错误正是让你可以改进自身、不断成长和自我学习的机会。如果你能有奋发向上、专注坚定的精神，这远比一个毫无错误的结果更加重要。面对问题，你可以施展"十八般武艺"。一个策略没成功，你可以想想看还可以尝试哪些其他途径。你有可能使出浑身解数还是不知道怎么解决问题，大脑一片空白，请不要慌张，这正是大脑再度发育的契机。科学研究表明，大脑在成年后仍然具有可塑性，儿童的大脑发育更是具有无限可能。你可以告诉孩子，一时的束手无措很正常，成年人也会遭遇这种情况。

要让孩子具备"成长型"心态，家长应该做些什么？表扬是非常重要的手段。当我们看到孩子的努力、坚持、坚韧、创造力与聪慧，我们可以表扬他们；看到孩子不断尝试、敢于试错时，我们也可以赞扬，并进一步让他们关注自己的成长。在表扬与赞许中，孩子们自然而然地会建立起"成长型"心态。除此以外，在日常交流中，我们可以问问他们有没有尝试一些新的解决问题的方法，问问他们今天在哪些事上付出了许多精力。如此一来，家长和孩子会建立越来越强的情感关系。

培养"成长型"心态的"曼德拉神咒"

我只是一个初学者也没关系呀

我感受到大脑正在成长

完美并不重要，进步才重要

我可以完成一些棘手的事

让你轻松应对生活的瑜伽体式

冲浪者体式

目的：培养正念技能，挖掘内在力量

左右打开你的手臂，与肩同高，同时双脚分开，脚的位置与手对应。右脚尖朝右，转身向右，左脚脚跟尽量向后伸远。吸气时，将双臂伸到头顶上方；呼气时，大幅度弯曲右膝，同时再次使手臂与肩膀持平。把这个热身动作重复6次，让关节活动起来。做完6次后，请保持弓箭步的姿势不动。

在刚刚的过程中，请你注意身体的反应。锻炼的感觉如何？你能感觉到手臂和肩膀的动作吗？你的大腿前部已经累了吗？在这个体式上保持几轮呼吸的时间，是不是已经觉得很痛苦了？消极情绪有没有涌上心头？你想放弃了吗？再进行几次呼吸循环，遵从身体劳累的感觉，顺其自然，你要告诉自己，这种劳累的感觉会慢慢过去的。

从弓箭步姿势站回原位，抖抖腿放松一下，以另一边为重点腿做相同的练习。无论是在哪一侧做练习，你都要关注自己在身体劳累时的心理反应。

请记住，你只需要去感受这些反应，不要给它们加上任何价值判断，这些反应会慢慢模糊，不再占据心里的主要位置。实际上，它们一直是存在的，只是我们感受它们的方式发生了变化。在练习瑜伽的过程中，你可能也会慢慢发现，在专注于某个体式时，自己很难去想其他事情。因此，瑜伽的作用就在于跳脱出内心的执念。

山式举臂合掌

目的：激发信心，使你精神振奋，勇气倍增

原地直立，双脚分开至与胯部同宽。将手臂放在身体两侧，眼睛直视前方。配合着呼吸，吸气时，请将手臂从身侧抬起，一直伸到头顶，眼睛跟随着手臂的抬起转而凝视上方，最终让双手掌心相合；呼气时，先将手臂在头顶上浅浅交叉，再慢慢将双臂放回身体两侧，眼睛直视前方。将所有的注意力都集中在运动的感觉上，让大脑专注于当下。重复这个手臂动作和呼吸循环6次，过程中你会体会到呼吸一点点加深，变得顺畅，留意一下，此时你的内心是什么感觉。重复最后一次动作后，请将手臂举过头顶合掌，保持这个姿势再深呼吸几次，感受脊柱的延展，感受腿和腹部的发力。这个体式中，高举手臂直立，就像高山一样挺立，你一定要体会身体的力量和身体所蕴含的精神能量，专注于自身的感觉。

吼狮式

目的：发泄愤怒，倾吐难以言说的愤懑

俯下身来，跪在地上，手掌撑地。配合呼吸，吸气时，眼望前方，压低肩膀，同时将臀部翘高；呼气时，收紧下巴让它尽量靠近胸部，同时拱起背部，降低臀部，露出舌头像狮子一样吼叫。重复以上呼吸和动作6次，你会发现这个动作可以帮助你释放想发泄的愤怒或其他情绪。

你可以在吼狮式后做一做瓢虫式（见第64页），在瓢虫式中放缓呼吸，放松身体。

当感到愤怒时，我可以做些什么？

» 停下来。生气是正常的，愤怒会消散，我现在并不用刻意做些什么。只需要停顿下来，思考一下，在心中从 1 数到 10，这对当下的我可能有用。

» 请记住，愤怒只是一时的感觉。注意描述这种感觉的语言，我可以说"我现在感到很生气"，而不是"我很生气"。因为现在的愤怒并不能以偏概全地定义我是一个什么样的人，愤怒是短暂的、会消逝的。感到愤怒本身并不是件坏事，关键是我如何处理愤怒。

» 我饿了吗？吃饱喝足，大脑才能思路清晰。

» 有意识地放松手、肩膀、眼睛、眉毛和下巴。在身体轻松的状态下，愤怒的情绪更不容易产生。

» 保持呼吸顺畅。试试"吸气、屏气、呼气、屏气"这种呼吸节奏，双手开合（见第 62 页），或跪撑在地，用吼狮式（见第 43 页）吼出来。

» 活动一下身体。试一下冲浪者式（见第 40 页），感受自己的勇敢以及鼓励自己。除此以外，还可以试试以静雪式（见第 67 页）躺着休息一下。研究表明，只是躺下这个姿势就可以减少愤怒和敌意的感觉。定期做这个动作可以帮助我们减少愤怒情绪。

» 探寻大自然，寻找那些令自己心神舒缓或叹为观止的事物。

» 像面对最好的朋友那样进行自我交谈。如果我最好的朋友有同样的经历，我会对他们说什么？

» 以书面的形式在纸上写下令我愤怒的事，写完后就撕了这张纸并扔掉它。

» 和他人一起谈论愤怒，说出自己的感受，不要憋在心里。被倾听是一件非常治愈人心的事。

» 用正确的表达方式。我们要把愤怒归因到具体的行为，而不是针对某个人。不要轻易嘲讽孩子的性格，比如不要说"你是个讨厌的人"，而是要让他们知道自己到底做了什么让人感到生气。这一点对每一位父母都至关重要——与其批评孩子是"淘气"的，不如清楚地告诉他们哪些行为是不合适的。我们希望孩子为自己做的"坏事"感到内疚，而不是为自己是个"坏孩子"而感到羞耻。

» 对于成年人或年龄大些的孩子：请自问"我的愤怒能帮助情况好转吗？还是会让情况变差？"想一想这个问题的答案。如果有必要的话，可以离开目前待的地方再做思考。

» 对于因为孩子而生气的父母：反思一下，自己的行为是否合乎自己作为成人的年纪，自己是不是脚踏实地而非好高骛远？当然，这样的自我反思可能还无法让人消气。但如果你想对孩子说"不要再像小孩子一样调皮了！"请不要忘记，他们终究还只是孩子。

» 生气时，我需要调动价值观做出一些判断。我要问问自己："作为人，作为这个家庭的一员，对我来说重要的到底是什么？"试着根据答案来进行合适的应对。

» 问问自己，愤怒的情绪之中还潜藏着什么？大多数时候愤怒只是表面，更深处还隐藏着更复杂的理由。如果我们想克服愤怒，就需要先找出愤怒产生的原因。我是不是被威胁了？是不是被他人伤害了？是不是在害怕？是不是很痛苦？是不是刺激过度了？是不是感觉失落？是不是身心俱疲？再深入挖掘一下，再多共情一点，最后采取相应行动。

» 度过最愤怒的时刻后，我可以做些什么来实现自己的目标？

» 愤怒过后，试着在自我呵护日志里写一写从愤怒中学到的东西，写一写处理愤怒的经验以待下次使用。通过写作自我呵护日志，可以重新确认自己未来想成为什么样的人。

当感到伤心时，我可以做些什么？

» 告诉别人"我感到伤心"。

» 保持镇定。

» 告诉自己哭一下也没关系。

» 休息一下。

» 我可以使用我的正念之罐，或者翻阅我的自我呵护日志，试着将精神集中，将身体放松。

» 寻求一个他人的拥抱。

» 温柔待己。

» 提醒自己，我自己的内心感觉很重要。

» 对自己说："我是安全的，我是被爱着的，我是被包容的。"

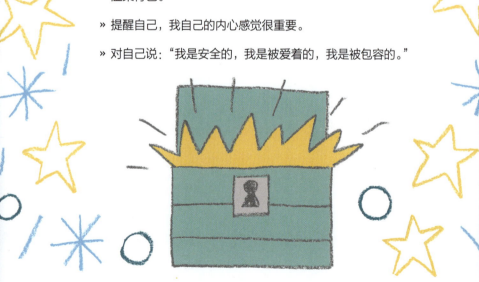

我是安全的，
我是被爱着的，
我是被包容的。

冥想引导词：去那个安宁之地

本书给出的冥想引导词只是一个样本，你可以直接拿来与孩子分享，也可以以自己喜欢的地点为依据创作冥想引导词。

请牵着我的手，让我们一起去海滩漫步。脱下鞋子，感受脚下沙粒的柔软与温暖。这是一个迷人的夏日午后，蓝天上飘着一朵朵蓬松的白云，大海风平浪静，一切是那么平静。海面上是点点金色的浮光，漂动着细腻轻柔的海浪。当我们走近海边，你发现脚下的沙子变得更结实、更凉爽了。停在这里，在潮水冲刷沙滩的地方，写下你的忧虑和烦恼，然后看着轻柔的海潮将它们带走——大海会替你保存。

你可以放心地说出你的忧愁，体会它们被带走的感觉。如果忧愁依然徘徊在你心中，你可以随时向我诉说，我会帮助你。

凝视着大海，你闻到海风中咸咸的味道了吗？今天陪伴着我们来到这里的人还有谁？有时候，我们会看到海豚，它们在海浪中嬉戏。运气好的话，我们还可能看到鲸鱼冒出海面；望向天空，我们可以看到飞翔的鹈鹕和远方海面上盘旋的白色海鹰。当然，更少不了那些不怕人的相互追逐的海鸥。

现在，我们沿着海边走向礁石背后的水塘。看看今天能在这里找到什么。水塘里可能有海星、贝壳，以及五彩斑斓的小鱼，甚至可能遇见寄居蟹。你看到了什么？

我们站在海边，潮水轻轻地拍打我们的双脚。仔细听，在你身后的林子里，那些鸟儿在为即将到来的夜晚做着准备。听着它们欢快地鸣叫，以及与伴侣依偎在一起的声音，它们让这个夜晚有了一种浓浓的安全感。这是一个平静、安全的地方。

我们转身回到温暖柔软的沙滩上，一起坐了下来。感觉我的手臂搭在你的肩头，拉近我们的距离。太阳渐渐落到海水的下面，白色的云朵染上了淡淡的粉色。整个天空呈现出金粉色，海面倒映着这美丽的颜色，这是爱的颜色。白天就要结束了，鸟儿的鸣声越来越响亮。感受这深深的沉静，你知道，你可以随时回到这个地方。感受我怀抱的温暖，感受我的爱把你包裹。一切都是那么完美。

2

帮孩子睡个好觉，
让孩子学会放松

本章将围绕放松身心的方式展开，这些方式可以提高整个家庭的睡眠质量，帮助我们稳定每一天的情绪。良好的睡眠是健康的基础，然而我们会发现，这并不容易做到——有时即使我们想尽办法，也无法让每个家庭成员安然进入梦乡，甚至自己也会难以入睡。因而你会发现，本章除了提供睡眠的建议，还有一部分重要的内容是如何进行肢体放松以及关注我们的呼吸。现代生活充满了各种刺激，生活节奏也十分紧张，即使对孩子来说也同样如此。睡眠、身心的放松和呼吸的配合都有助于调节压力，从而促进神经系统的"休息"和"消化"。请先牢记一句重要的咒语："如果无法入睡，那就好好休息。如果无法停下休息，那就感受呼吸。"总有一种方法可以让我们放松、平静下来。我们总是希望孩子能够学会自我安抚，其实每个人终其一生，学会这么做同样至关重要。

睡眠

我们的睡眠质量——睡得好与不好，会显著影响我们身心健康的方方面面——会影响免疫系统、神经系统、细胞修复与生长功能的发挥，也会影响情绪、注意力、头脑的清晰、记忆力与幽默感。我始终坚持一条宗旨："睡眠是为了清醒时的正常生活。"我相信每一位父母对此都深有感触。要意识到，虽然我们不可能掌控孩子的睡眠，但可以让他们更积极地对待睡眠。作为成人，我们可以以身作则，和他们一起养成健康的睡眠习惯；我们也可以和孩子一起在睡前做些有利于身心健康的入睡准备，提高睡眠质量。这些方法都可以归入睡眠健康工具箱里，当我们感觉难以入睡或者因为焦虑而辗转反侧时，工具箱就能发挥作用了。

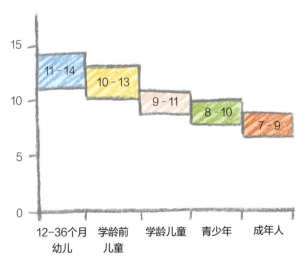

帮孩子睡个好觉，让孩子学会放松

以积极的心态对待睡眠

在今天这个时代，睡觉时常被认为是件糟糕的事。我们经常会听到有人说："等我死后，有的是时间睡觉。"又比如"打个盹儿，就落后了"。错失恐惧症（FOMO, Fear of Missing Out）是真实存在的。对我们的孩子来说，最恐怖的惩罚就是被安排去睡觉。在文化上，我们需要认识到睡眠的巨大价值，并要学会认真对待它。我希望孩子感到床是一个安全的地方，上床睡觉并不意味着惩罚，睡觉也不会让他们错过什么好东西。我尽我所能向孩子讲述睡觉的好处，每天晚上上床睡觉时，我都会再三和他们强调，只有夜里睡得好，白天才会活力满满。在睡眠中，他们的身体会生长；通过睡眠过程中的恢复，他们才有精力玩耍，大脑才会专注，这样才会感到无比开心。临睡前给他们晚安吻时，我都会带着对他们睡眠的祝福，轻声说："睡个好觉。"

光提高孩子的睡眠质量可不够，成人的睡眠质量也需要格外重视。只有自己睡得好，我才能经受住哄孩子入睡时不可避免会遭受的压力，所以我必须优先安排好自己的睡眠，确认自己的睡眠需求。如果睡得不好，半夜醒来，我会做舒缓的活动来补偿失去的睡眠，比如一些瑜伽动作，或者抬起双腿倚在墙上。我的孩子会看到我做这些事情，也会经常和我一起进行这些滋养身心的练习。

改善睡眠的技巧

理想的睡眠环境应该是黑暗、舒爽的环境。如果孩子需要开夜灯，请选择蓝色的。尽量降低夜灯的亮度，保持光线昏暗，哪怕孩子在夜间醒来和去洗手间时也是如此。尽可能保持卧室的卫生整洁，让人感觉卧室是安全的港湾和放松的地方，尤其是床的周围。在固定的时间上床睡觉和起床，这样有助于保持我们生物钟的规律。

如果无法入睡，
那就好好休息。

实践：建立每个人的睡前仪式感

规律的生活对睡眠质量的提升很有好处，在睡前有意识地进行一些舒缓活动会对睡眠产生重要的影响。本书提供了一些现成的做法，从心理上和身体上都能让你和孩子做好入睡准备。反复实践之后，孩子就会放松下来，因为他们知道接下来会发生什么。而各种不同的睡前活动，同样具备各自的趣味。

» 泡澡。在水中添加一些儿童爱普浴盐（epsom salts）或泡澡用的镁片（magnesium flakes），这些化学成分可以有效地放松身体。成年人洗澡后可以喷一些镁油喷雾。对我来说，镁油喷雾非常有效，它让我睡得更好，如果你担心镁油的刺激性，我建议把它涂在脚上以减少刺痛感。

» 穿上喜欢的睡衣。千万不要低估心爱的睡衣对我们的重要影响。

» 做些伸展运动。试试第64至67页上的瑜伽体式，当然，也可以随便做些想做的动作。坐姿、跪姿或平躺着的伸展动作最适合在入睡前进行，这些姿势下的伸展运动能很快让内心平静下来。在拉伸过程中，你一定要集中精力，保持平稳的深呼吸。

» 躺在床上，阅读一些温暖治愈的文章，听一些舒缓的音乐或一段引导性的冥想。睡前30分钟不要再看电子屏幕，因为电子屏幕带给大脑的刺激过于强烈，它会让你难以入睡，并且影响睡眠质量。

» 在枕头或可爱的玩具上喷洒一点带有舒心解压香味的"好梦喷雾"。这招不仅对孩子很管用，对成年人来说也同样适用。薰衣草喷雾是一个不错的选择，当然也可以选择任何一种你觉得可以令自己放松的气味。你可以去买现成的成品喷雾，也可以自己动手制作，比如在家里用精油做一个。在香气里放松地做几个深呼吸，你会感到身体正在慢慢变得柔软，进入休息状态。

» 让睡意顺其自然地降临。要记住，如果睡不着，哪怕是闭目养神也同样有意义。如果内心忧虑重重，就使用舒缓工具箱进行放松，试一试其中的做法，直到睡意降临（见第68页）。记住这句咒语："睡不着没关系，我会好好休息。"

» 请记住，高质量的睡眠并不一定要一觉睡到天亮。如果中途醒了，不要担心。不要去看表，也不要计算自己已经睡了多久。只要保持心平气和，知道哪怕是闭目养神也会让自己补充精力，而你也可以重新入睡。告诉自己："瞌睡来了。"

放松

学会放松也是需要重点培养的能力，它不仅能帮助我们调节情绪，提高身体的舒适度和能量水平，也能使我们正确地迎接挑战。日常生活需要那些能带给人以平静的"微时刻"的点缀，从而定期释放生理上的紧张，同时也可以舒缓心灵。如果我们能够熟练地做好身心的放松，晚上也能睡得更香。在没有良好睡眠的情况下，或者在有压力的时候，适当的休息和身心的舒缓就变得更为重要，因为它们可以帮助我们应对问题，疗愈自我。

什么是放松？

放松其实涉及精神和身体两方面，它是指一种轻松的状态，一种放松和释放的状态，一种不需要考虑努力和奋斗的状态。我们可以在静止的状态中体会到放松，或者是在缓和的运动状态中体验放松。放松不一定要花很多时间，几次深呼吸或是花一分钟的时间看看云朵的游动都是放松的方式。另外，我们也可以留出更长的时间进行恢复性练习，比如冥想、引导意象（guided visualizations）或舒缓的瑜伽。

日常生活需要那些能带给人以平静的"微时刻"的点缀。

如何在实践中做到身心放松？

紧张是什么样的状态？放松又是什么样的状态？

有时候我们的身体会不由自主地保持紧绷。以下，我会介绍一些实际的做法，以"收缩和放松"的方式让你知道紧张与放松的区别。请带领孩子练习。对大一点的孩子来说，他们可以配合呼吸进行，对年纪小一点的孩子来说，他们只需要集中注意力收缩某个身体部位。

» 仰卧，将双臂放在身体两侧，感受整个身体的感觉。

» 让我们从双手开始练习。伴随着呼气，把它们捏成两个紧紧的拳头。吸气，再松开双手。

» 呼气，弯曲手臂，收紧你的肱二头肌。再呼气，放松。

» 吸气，绷紧手臂和手，将你的肩膀耸起，尽力去够你的耳朵。呼气，再让你的肢体回到原位。

» 吸气，绷紧你的手臂、手和肩膀，将脸部的肌肉收紧。呼气，全部放松。

» 吸气，绷紧你的手臂、手、肩膀、脸、胸部和腹部。呼气，全部放松。

» 吸气，绷紧你的手臂、手、肩膀、脸、胸部、腹部和两条腿，绷脚。呼出胸腔里所有空气，放松身体，保持那种躺在地板上的感觉，让呼吸在整个身体里流动。

» 做完以上动作后感觉身体的变化。

随时放松

尝试做"鸡翅式"卷肩。吸气，手臂像翅膀一样弯曲，抬起肘部并向两侧伸展；呼气，将肘部向后夹紧的同时放下手肘。重复这个动作6次，保持抬头，感受更多活力。

你还可以尝试一些面部瑜伽：有意识地放松你的前额，特别是眉间的肌肉；放松下巴和舌头，如果你想，也可以把舌头伸出来。你会带着更平和放松的身心回到一天的生活中。

用咒语安抚你的心灵

如果大脑里总是有很多杂乱的想法，或者总是被负面的想法困扰，你可以试着用一条咒语来帮助你。在这本书中，你会发现很多不同类型的咒语供你选择。请和你的孩子一起创造一些专属于你们的咒语。我最喜欢的一条咒语是由 @gratefulmother 创作的："我是宁静的，我是从容的，我是我。（I am still, I am calm, I am me.）"在你的自我呵护日志中，你也可以为自己的咒语创造一些艺术作品。

舒缓的魔法湖

仰卧，双腿伸直，如果想更舒服一些的话，你还可以弯曲膝盖，使双脚踩在地面上。将你的手轻轻地放在腹部，手肘支撑在地板上。

想象你的腹部有一个神奇的湖。你的指尖落在水面上，也许那里还有鸭子或小船在水上荡漾。感受你轻柔的呼吸，气息轻拂着水面，轻拂着漂浮在水面上的鸭子或小船。让你的意识潜入水中，看看四周，湖水是什么颜色？它是静止的还是流动的？是否有鱼儿在阳光下闪闪发光？是否有植物在随波摇动？这片湖有多深？留意阳光是如何穿透水面的。随着你下潜得更深，水里的光线就更暗淡，湖水就更安静。想象你看到了湖底的淤泥和沙土，你会发现湖底是如此安静与平和。自由地让视线在这湖水里游弋——你永远不知道会发现什么。或许是一个宝箱、一艘沉船，还有唱歌的美人鱼。将你的注意力放到任何让你感到舒适的地方。

呼吸

在身心放松时配合适当的呼吸是很好的做法，同时也可以使放松更加有效，而不需要花费太多额外的时间和精力。我们的呼吸越顺畅，身体就会感觉越好。所以如果想迅速调整情绪或缓解紧张，我们就可以配合呼吸来进行。这个方法并不复杂，也不需要太多技巧，只要认真感受就能有助于调节呼吸。

什么是好的呼吸方式？

良好的呼吸应该是放松的、顺畅的、扩张的。呼吸不只在肺部进行，你会感到身体的不同部位都在运动着——吸气时，我们会感觉到腹部、身体两侧、背部、胸部和肩胛骨在展开，呼气时它们自然而然地回到原来的位置。要让以上提及的身体部位都运动起来，而不仅仅是胸部或腹部，这就是我们在呼吸时要达到的目标。通常人们在面临压力时，呼吸会变得急促且紧张，并且集中在胸部。为了放松，我们要让呼吸来到腹部和身体两侧。平稳的腹部呼吸可以迅速缓解焦虑感。让呼气的时间长于吸气的时间，也可以帮助我们更好地平静下来。

呼吸越顺畅，我们的身体就会感觉越好。

呼吸练习

气球腹式呼吸

仰卧，将双手放在腹部上。放松身体，让呼吸变得平稳。想象在你的肚子里有一个气球。气球随着每次吸气而膨胀，随着每次呼气轻轻地放气，手跟着腹部一起起伏。你不用太急于给"气球"充气或放气，尽可能花更长时间清空气球里的空气，而不用急着把它重新装满。如果愿意的话，你可以在肚子上放一个自己喜爱的可爱玩具，看着它随着你的呼吸上下起伏。在做过几次放松的深呼吸后，请给玩具一个拥抱，尽情表达你对它的喜爱。紧接着，请用双臂环绕住自己，给自己一个紧紧的拥抱，将被爱的感觉延伸到你身上。

用双手感受呼吸

试着用双手完成这个简单的练习，而不是仅仅在大脑里思考如何呼吸以及加深呼吸的程度。先以放松的姿势坐着，手背放在大腿上。吸气时，将手指伸展开来，打开你的手掌。注意，在吸气结束时要有一点停顿。呼气时，轻轻握拳，注意在呼气结束时也要有一点停顿。这样重复10次，感觉你手部的运动是如何反映在你肋部和腹部的运动中——伸开手掌是打开身体，以吸入更多的空气；握拳有助于调动腹部的肌肉，从而更彻底地排空肺部的空气。这整个过程应当是自然、无意识地发生的，不用刻意地去做出这些动作。感受一下在吸气结束和呼气结束的那一小段停顿中有一种真正的平和。注意当呼吸变得更顺畅、更绵长时，大脑会变得多么平静。

与呼吸嬉戏

为了更好地感受呼吸，并且能够很舒畅地呼出一口长气，你可以尝试在户外吹泡泡，或者做一个折纸风车让它随着你的呼吸转动。嘟起嘴唇，看看你能让呼吸变得多么顺畅。想象你正准备非常轻柔地吹灭一支蜡烛，你能把气息控制得多轻微呢？

让人平静放松的瑜伽体式

瓢虫式

目的： 平静身心

开始时，双手双膝着地，双膝分开与臀部同宽。呼气时，将臀部下沉到脚跟上，同时让额头碰触地面。将手臂像瓢虫的翅膀一样，先后绕到身后，靠近同侧的脚并且掌心朝上。保持这个姿势，进行 5—10 次长的放松的呼吸。如果感觉不错，可以保持更长的时间。注意呼吸的气息行至背部的感觉，以及这种感觉让自己多么平静。

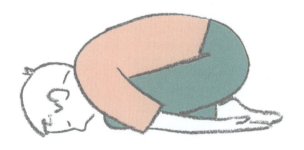

下犬式

目的：伸展双腿和脊柱

双手双膝跪姿着地，脚趾回钩踩在地上。吸气时，将臀部抬高，膝盖抬离地面；呼气时，保持头自然地垂下，尽力让脚跟贴近地面。这个过程中一定要量力而行，如果无法完全伸直腿，或者脚跟没有接触到地板，都没有关系。这个体式的目标是让身体形成一个倒"V"形，尽可能地拉伸脊柱。在这个姿势上停顿，做 5—10 次呼吸。

睡鸽式

目的：放松臀部

从四肢着地起势，用左手弯曲左膝，直到左膝外侧贴紧地面，将左脚放在右侧臀部的前方，右腿沿着瑜伽垫向后滑。下压身体，双臂伸展，眉毛碰触到地板；或弯曲手臂，将头部靠在手臂上。保持手肘分开，肩部放松。放松背部、臀部和大腿的肌肉。保持这个姿势，做 5—15 次呼吸，然后在另一侧重复同样的动作。

仰卧扭转式

目的： 放松背部

　　仰面躺下，将膝盖屈至胸前，双臂展开置于身体两侧，紧贴地面，与肩同高。双膝左转向左手肘的方向，双腿双脚都要放松，直至膝盖落到地面上。用左手按住膝盖外侧，以固定双腿。看向右侧，保持这个姿势，呼吸 5—10 次，感受重力的作用，然后在另一侧重复同样的动作。

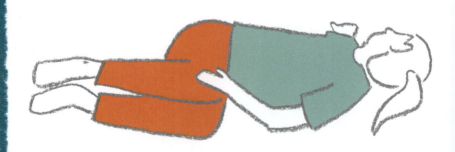

睡式（静雪式）

目的： 全身放松

　　仰卧，双臂松弛地放在身体两侧，手掌朝上。双脚分开，与胯部同宽，让双脚自然向两侧伸开，脚趾放松、伸展。感觉整个身体都完全落在地板上，而地面也向上迎合你的身体，感觉自己被大地托住。让地心引力发挥作用，让你的身体落在地上。什么都不用做，也不需要做什么。享受放松的感觉，享受呼吸在身体里缓慢流动的感觉，保持5分钟。

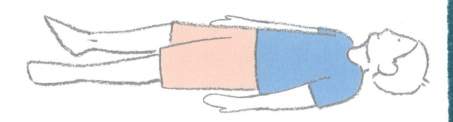

当无法入睡时，我可以做些什么？

» 告诉我自己，睡不着没关系。睡意终会来到，在那之前哪怕只是闭目养神也是有好处的。

» 感受呼吸。

» 试着做一做"收缩和放松"练习（见第58页）。每次完成练习后，重复这句话："我沉浸于此刻。"

» 如果很难放缓自己的思绪，我就让大脑围绕一个"命题"来思考。我可以回顾刚结束的一天，尝试回想每一个小细节；可以选择重点回味今天最开心的事情；也可以记录"有史以来我最棒的一天"——从头至尾回顾全天的经历，想象这一天的每时每刻都充满着让自己欣喜的事，我要和想要分享的人一起度过这"最棒的一天"。很可能当你回顾到这"最棒的一天"的中午时，就感到睡意袭来了。

» 试试"蓝天之心"练习（见第26页）。观察自己的想法、感受、回忆和对外界的感知，想象它们只是飘浮在广阔蓝天中的浮云，看它们来了又去。我的思绪并不是我本身，我是无垠的蓝天。

» 哼唱一首安静舒缓的歌。

» 重复这句咒语："我是宁静的，我是从容的，我是我。"

帮孩子睡个好觉，让孩子学会放松

我是宁静的，我是
从容的，我是我。

仰卧冥想引导词

这次冥想的目的在于使人平静下来，抚平繁杂的情绪。可以在睡前进行冥想，也可以在躺在床上时冥想，抑或是在孩子感到焦虑的任何时刻帮助其进行冥想，都是很有效的。

仰面躺下，将双臂放在身体两边，手掌朝上，双腿伸直，脚趾放松，双脚自然偏向两侧。你可以扭扭身体，一直调整到感觉轻松，让身体处于静止的状态。放松整个身体，让你的身体深深"陷入"支撑你的地板（或床）当中。把你的注意力集中在躺在这里的感觉上，放松，同时放空大脑。感觉你的后背"沉入"地板，注意衣服接触皮肤的感觉。

感觉空气轻柔地拂过你的脸，让面部的肌肉松弛下来。放松你的下巴、脸颊和嘴唇，甚至舌头。让你上下两排牙齿中间有些空间。放松你的眉毛，感觉它们轻轻地滑动，彼此远离，让你的额头轻松下来。感觉你眼睛的放松，它们就像一潭水，深沉，而且安静。

放松你的脖子。感觉你的喉咙被打开了，每一口新鲜空气都有更多的空间。感觉你的头、脖子、肩膀沉重地"陷入"地面，而你的手臂却变得如此轻松。你的手指轻轻地向掌心卷曲着，仿佛每只手里都握着一朵小小的、蓬松的白云。

顺着你的手臂，感觉你的心脏从中心开始升华和扩展，充满了爱意。感觉你的呼吸轻轻推动你的胸部和腹部，在你的腹部深处，体会一种深深的宁静和安全的感觉。无论你身在何处，这感觉都与你同在。

感觉你的整根脊柱完全被地板托住，你的腿、你的脚和脚趾处于完全放松的状态。感觉你全身所有的肌肉放松下来，松开你的骨骼，甚至让你的骨骼从肌肉中下落。感觉你的身体变得沉重，试着想象你的身体如同岩石一样沉，深深陷在你身体下面的地面里。在这种感觉中深呼吸几次。现在，感觉你的身体开始变轻，仿佛羽毛那样轻，仿佛你正飘浮在空中。保持住这种轻盈的感觉，做几次扩张性的呼吸。释放这种轻盈的感觉，再次将注意力放到衣服与皮肤接触的感觉之上，感受身体各部位与地面的接触。感觉地面是如何上升迎接你的，如何将你揽入怀中。地面永远会支撑着你，保护着你，就像我对你的爱。

（如果你的孩子快要入睡了，可以在这里结束。）

现在，轻轻活动你的手指和脚趾。感受你的整个身体恢复了活力。你可以做任何想做的小动作。体会回到现实中的感觉。慢慢睁开眼，慢慢地回到这一天里，感受你平静的内心，你身下的大地，都被我的爱所包围。

3

对的环境
可以带来快乐

　　这章将围绕"活力之轮"中的"环境"要素展开，这部分内容会介绍环境对提高幸福感、保持头脑清晰和情绪的影响。环境是指我们居住的地方、通勤的工具、学校和工作地点，也包括我们身上的皮肤。在本章中，我们还将探讨身处自然的疗愈能力，介绍让疗愈发挥作用的几种方法，并探索一些具有特殊意义的地点——让我们陷入回忆，或者对我们具有个人意义的那些地方。

室内的环境

　　每个人对混乱的接受度都有自己设定的阈值，但不可否认的是，秩序井然的外部环境可以促进内心和谐。就像一个高品质的真空吸尘器，可以吸光你头脑里如蜘蛛网杂乱的思绪。即使觉得内心的混乱并没有妨碍到自己，但你会发现，在迅速整理好心绪之后，你的情绪、精力和头脑的清晰程度和之前是截然不同的。与孩子谈谈以上的观点。检查一下你与家人所处的室内环境：家、工作的地方、通勤的工具，并认识到这些因素对你的总体幸福感有很大影响。行动的主动权掌握在你自己手里。你可以把整个环境划分开来，每次只整理一个区域或房间，或者进行突击打扫，比如花一个周末做一次"春季大扫除"，或者在一年中的任何时候这么做。定期打扫或者增加仪式感可以培养习惯，从而帮助你保持环境的整洁。从孩子越小的时候开始培养，就越容易让它成为孩子的家庭习惯，并让孩子拥有主人翁意识。

» 整理时间。几乎任何活动都会包含"整理时间"。当你一次只参与一项活动而不是同时进行好几个活动时，"整理时间"就能很好地发挥作用。假如你正全神贯注于某个游戏，在兴趣减退准备玩下一个游戏的时候，先收拾好手头的东西。当我的孩子还小的时候，他们会跟着我一起收拾整理，让这件事也成为一种乐趣。现在他们长大了，这个习惯已经形成，他们已经可以自己完成这个任务，有时候不需要提醒，有时候也需要我的帮助。

» 每件东西都有自己的位置。如果想在室内环境中创造稳定的秩序以及和谐的氛围，就需要给所有东西一个"家"。良好的收纳风格可以改变生活。我们可以用塑料盒或大储存袋来装东西，这样所有物品都可以保持整洁，也能够被更方便地找到。你还要清楚地认识到能在家里有序地放置多少物品。我发现，孩子在东西存放得整齐、较少，并容易拿取的环境里玩得更开心，这比每个角落里都塞满东西的环境要好太多了。一次好的大扫除可以起到很好的治愈作用。有时候这件事最好由你来做，有时候孩子也想参与进来，当他们把自己喜欢的东西送给其他人或慈善机构的时候，会因此而精神振奋。

» 一进一出。遵从"一进一出"的策略会帮助我们更好地利用每一寸空间。当收到别人送的衣服或玩具时，我们需要提前清理出富余的空间来。生日和新年时，我们通常会收到礼物，整理就可以成为生日和新年的固定仪式。通过这个仪式，我们可以为新物品腾出空间，并将旧东西送给他人。

» 日常仪式。通常情况下，只有参与其中，才会激发孩子真正的兴趣。你可以鼓励孩子帮助整理床铺、摆放和清理桌子，或是参与洗涤工作。家庭中的每个人都应该对家庭环境的和谐出一份力，因此我们要鼓励孩子拥有适宜年龄的主人翁意识，让他们享受和家庭成员一起做事的快乐，而你会发现这么做对家庭里的每个人都有非常积极的影响。

» 让家充满美感。鼓励孩子在房间里用喜欢的颜色和图案进行自我表达。这并不需要多么宏大或精致的设计，只要简单点缀就能使房间变得有所不同，这些点缀可以是孩子制作的海报，可以是记录幸福时刻或特殊人物的照片，可以是孩子喜欢的地毯，可以是沐浴在阳光下的一把舒服的椅子。让孩子充分利用所拥有的东西，创造滋养灵魂的空间并享受这个过程。

» 建造一个安全基地。孩子喜欢建造一个"巢穴"或藏身之所。这样的地方可以是永久性的，也可以是临时性的。至于如何建造，完全取决于你的想象力。

秩序井然的外部环境可以促进内心和谐。

爱护我们的皮肤

我们不仅要爱护身处的环境，也应该关注爱护我们的身体，皮肤就是我们的"外衣"。我们对身体和衣物的认识，可以彻底改变我们的舒适度和满意度。

» 遵守基本的卫生原则：洗澡、刷牙和洗头。哪怕是最简单的洗手也可以成为一种正念练习——感受清水清洗皮肤的感觉、洗手液的气味以及有害物被洗掉的感觉。如果有条件的话，最好洗个通透的泡泡浴，将烦恼冲走。

» 着装。如果可以的话，你可以选择穿自己喜欢的颜色的衣服，从而提高情绪。穿喜欢的衣服并不是为了给别人留下好印象，你只是选择了让自己感到快乐和充满活力。

» 倾听身体的感觉。使用正念技能，让自己安静下来，真正调整自己。孩子有惊人的复原力，他们能够从伤害中迅速恢复，但是作为家长，有时候我会被孩子没有主动说出来的事情吓到。与其等待孩子主动提出，不如定期询问他们身体感觉如何，并有针对性地采取行动。

» 触摸。拥抱是最有效的疗愈。定期给孩子疗愈性的拥抱或依偎在一起讲故事，你和孩子都会从中受益。孩子可能会喜欢温柔的按摩。他们可以躺在你的腿上，把头轻轻地放在你的怀中，你可以用指尖在他们的额头上敲打，就像雨点轻轻地坠落。这样的动作可以很好地舒缓我们忧虑的心灵。

拥抱是最有效的
疗愈。

室外的大自然

　　自我记事起，大自然就一直是一剂心灵良药。我记得小时候和家人一起，在悉尼的岬角自然保护区散步，在海滩上玩耍，制作隧道和沙堡，在海池中游泳，寻找螃蟹，在潟湖周围观察鸟类……这些是我们都喜欢的联谊活动。我有个大九岁的哥哥，我和他一同游戏的过往都变成了珍贵的共同记忆。长大一点后，我会坐在悬崖上，面朝大海，感受清新的海浪，这让我能在备考或准备体操表演时定下心神。在第一个孩子出生后，我背着她在海岬上我小时候走过的小路上散步，这让我觉得生活一定会变得更好。在父亲与运动神经元疾病斗争的 15 个月里，他无法再到这些小路上散步，而我会与他分享当天散步时看到的野生动物，向他描述当天的海浪和天空是什么样子。现在，我远走他乡，远离了童年岁月的环境，只能依靠过去的记忆和想象来重返幼时的户外世界。这一切都构成了我用来进行舒缓的连接环境的冥想的基础。在一个新地方找到安定的最有效的方法之一就是与你周围的环境建立联系。我喜欢在森林中散步、寻找小鹿的身影。尽管森林对我来说是一个新的环境，但我知道，森林浴和日光浴一样可以滋养我的心灵。

対的环境可以带来快乐

无论身在何处，大自然都会抚慰你，并让你感到振奋，我曾居住于悉尼阳光明媚的海滩，也曾在大都市伦敦生活，现在又安家在英国赫特福德郡连绵起伏的山丘上。我总是能在大自然中找到让自己重获活力的东西。置身于大自然就像给生活按下了重启键，大自然让我们身心变得放松，心灵变得安静，让我们与自己的感受连接起来。科学研究表明，与大自然亲密接触对精神和身体健康都有好处，相反，如果你与自然脱节，就会产生一系列的行为问题，包括消极的情绪、注意力障碍，甚至身体和心理疾病的发病率也会增加。新的研究表明，花时间做些户外活动可以帮助我们塑造良好的身体状态，也可以促进身体的健康。因此，和你的孩子一起去户外活动吧！走进大自然几乎不需要你花一分钱，开展户外活动也很方便易行。在户外活动时，请与你的家人分享感兴趣和令你感到新奇的事物，这样的分享非常美好，因为你们的关系被拉近了。无论何时何地，不论是在车上还是在步行中，你们都可以进行这样的分享。令我非常欣喜的是，我3岁的孩子已经学会了这项技能，他能够向我指出一只高飞的红风筝，或者有趣的云朵造型。留意自然之美是旅途中最好的自我呵护策略。

对的环境可以带来快乐

大自然是一种隐喻

　　大自然总是给予人类灵感与启发。它可以提供许多有力的隐喻来帮助我们学会面对生活。在你周围的环境中探寻大自然的隐喻，并与你的孩子分享。你可能会发现，孩子的一生都会利用这些具有意义的符号。我的家人们就很喜欢让季节变换提醒我们万事万物都有各自的时间：新生的时间，衰败的时间，活动和努力成长的时间，静止和休息的时间。对于不同的情感来说，季节也可以成为一种隐喻。鼓励你的孩子体会每个季节特有的快乐，即使严寒的冬天也有其独特的魅力。学会拥抱身边的美好与祝福，而不是渴求并不属于你的东西，这是生活中最有意义的事情。我们会欣赏水仙花在雪地里的顽强生命力，欣赏竹子的灵活和韧性、垂柳的力量和再生力。当然，我们也喜欢感受像高山一样挺立的力量。

无论身在何处，
大自然都会抚慰
你，并让你感到
振奋。

学习沉浸于自然之美

自然漫步

走到户外，走进大自然，明确地、有意识地观察周围的环境。确保不会受到任何干扰，现在正是沉浸于自然之美的时刻。你只需要掏出手机来拍照就好，不必忧心忡忡，或者思考未完成的工作，以及与他人的摩擦。你可以通过视觉、听觉和嗅觉来感受自然，并抒发自己的赞美之情。留意你身边的环境是如何随着季节而变，在一整年中都给你带来新的灵感。我和孩子最喜爱的正念时刻之一是在雪地漫步时进行即兴的声音冥想，把注意力都放在雪在脚下发出的脆响之上。你会惊讶于自己被完全吸引进去的程度。

在自然中计数

散步时，请数数你能认出的花、植物或鸟类。带上观察手册，扩大你的知识面。我和家人们最喜欢给鸟类计数，我们喜欢在一片未知的森林里认识各种不同的鸟类。这种活动是一种强大的正念工具，它让你将思绪固定在一些可以不断投入的事物之上，并建立起你和当地环境的联系与归属感。还可以试试更简单的办法——数一数你沿途看到的颜色，或者你发现的不同形状的树叶。

找寻自然界中的小生物

看看你的花园或周边有哪些小生命在活动，举起放大镜，仔细找找看。

看看天空

你只需要躺下，看着那些移动的云朵和树的枝丫，看看天空里的飞机，也可以用视线追寻水汽蒸腾的轨迹，或者寻找飞行中的鸟儿。你可以和孩子一起度过美丽而漫长的夜晚，一起看星星。

一起品味日出日落

一种让你感恩和敬畏自然的好方法。

亲手做一些田间工作

投入到田间工作之中，和孩子一起播种、育苗、除草、修剪，或者让孩子做些"泥巴派"。和土地打交道是治疗焦虑、抑郁和愤怒的真正良药。

室内园艺

摆放鲜切花或者培育一些适合室内的植株，这些活动能有效提高家庭成员的整体幸福感。

照料野生动物

在门口放几个喂食器，看看有哪些野生动物会来。

养宠物

如果没有自己的宠物，你也可以去看看邻居的宠物。照顾动物可以有效地培育正向情绪，引导我们学会仁慈、负责任以及如何为他人服务。

对的环境可以带来快乐

收集花并制作压花标本

用一本厚书来压花，或者买一个简易的压花机。这些都是自制装饰卡片的最佳选择。

一起探索自然

可以试着去找找四叶草，鼓励孩子真正地近距离观察自然、在自然中寻宝。

自然的艺术

你可以在地面上画一些曼陀罗的图案留给他人欣赏，也可以制作以秋天为主题的花环，或者制作雏菊项链，或者用石头搭建属于你的宝塔，还可以把树叶和贝壳带回家，制作你自己的作品。

自然纪录片

BBC（英国广播公司）出品的纪录片《蓝色星球》和《地球脉动》系列都是很好的自然疗愈资源。你也可以聆听记录大自然声音的CD，比如海洋、瀑布、下雨或鸟鸣的声音。我和孩子喜欢从声音中辨别出各种鸟类。

自然宾果游戏[①]

当天气不好的时候，我和孩子就待在室内，随意进行某个游戏。你甚至不需要认字，就连我才3岁的孩子也喜欢加入进来。我们从鸟类宾果玩起，再玩到猫咪宾果、虫子宾果，这些都是我们的最爱。

---

① 宾果是一种纸上游戏，在印有5x5方格的纸上进行，可以二人或多人进行，最先在纸上集满五条水平线、垂直线或对角线者胜利。——编者注

充满意义的地方

不久前，我刚去了一趟童年时期的故乡，更深刻地理解了那些在人生中留下轨迹的地方的独特意义。哪怕什么事都不做，仅仅是待在那里，我就强烈地感到自己被治愈了。我意识到自己可以与孩子分享一些童年逸事，让那些即使他们没有见过的长辈，也能够与他们建立联系并给他们带去快乐。在我们的一生中，有些地方已经深深嵌入我们的骨髓和血肉里，身处那里会让你感到自己真实地活过。那可能是你长大的地方，或者是你和特别的人一起去过的地方，也可能是与某种特殊记忆有关的地方，又或者只是对你有深刻影响的地方。与你所爱的人分享这些地方可以让你们之间的联系变得更为紧密，让人充满活力，并在你们之间建立有关经历、意义以及血缘的共同感知。

你和家人会对哪些地方产生共鸣？哪个特定的环境会让你感到自己真实地活着？你会喜欢去某个地方纪念某人吗？对我来说，相比在父亲的墓前，在海滩上散步或看到鸟儿展翅时，我会觉得自己与父亲的联系更加紧密。每个人的情况各不相同，所以请思考哪里对你来说是最有意义的地方。如果没有办法前往那些地方，我理解这可能是痛苦的，那么你可以尝试寻找新的具有意义的场所，去一些从来没有去过的地方，或者在离家较近的某个地方假装自己是一位游客，用新奇的眼光来看待眼前的景物。

有些地方已经深深嵌入我们的骨髓和血肉里。

感受自然之力的瑜伽体式

树式

目的： 坚定立场，集中精神

开始时两脚分开与胯部同宽。将右脚的大脚趾放在左脚的脚背上，或者将右脚底板放在左腿的小腿内侧或大腿内侧。将左腿完全伸直，右膝弯曲，让膝盖和地面保持一定角度，不要撅臀或挺胸。双手合十放在胸前，或者高举呈"V"字形伸向天空。

享受顺畅的呼吸，想象一下你的主力腿像植物根系一样抓牢地面，集中注意力，感觉头顶向上升。保持这个姿势同时呼吸，保持心里的幽默感。呼吸 5—15 次，然后在另一侧重复这个动作。你可以独立完成这个动作，也可以找人帮助你。

三角式转半月式

目的： 感受到连接和活力

侧对瑜伽垫，双脚打开距离为肩宽的一倍半。右脚趾向外旋转，左脚后跟向外和你呈45度角。保持双腿伸直，从右髋部向前倾斜，将右手放在右小腿上。将腹部和胸部向天空旋转，左肩在右肩上方，左手向天空伸展。在此位置保持5—10次呼吸。接着进入半月式，弯曲你的右膝，将右手指尖放在地板上，看看是否可以将左脚从地面抬起——试试看！同样在此姿势下保持5—10次呼吸，然后再在另一边重复这个动作序列。对于父母来说，你们可以模仿一面墙，让孩子依靠，或者让他们勇敢尝试完成动作。

垂柳式

目的： 放空自己，重焕活力

站立时，双脚与胯部同宽，膝盖轻微弯曲。让你的脊椎沿着大腿向前垂悬，像垂柳的枝条一样让你的头和指尖向地面垂下。保持静止或轻微的摇摆，释放你不需要的情绪。

当我感到无聊的时候，我会……

» 享受它！当生活变得忙碌，或者需要我去做下一件事情时，我会渴望无聊带来的奢侈感。

» 变得安静，倾听我的思想和身体，注意它在告诉我什么。我现在需要什么？

» 浏览这本书中的瑜伽动作，尝试一个看起来有趣的姿势。

» 翻看"自我呵护日志"或"活力之轮"，寻找灵感，并找到一些吸引我参与的活动。

» 询问是否有人需要帮助或需要一些陪伴。

对的环境可以带来快乐

4

在点滴小事中
捕捉幸福瞬间

　　这章要介绍的内容是"活力之轮"中的"幸福"部分。在我们开始之前，重要的是要认识到我们的目标并不是永远地幸福快乐——家庭生活是由各种情绪交织而成的丰富画卷。本章的目的是通过简单的实践方法改善大家的心情，提升每个人的精神。

　　每个家庭都需要一个"快乐宝藏盒"，在生活艰难、脾气暴躁、无聊来临或者只是有空闲的时间需要填充时，可以从中取用。讨论放入你的宝藏盒的东西本身就是一次愉快的对话，当你记录了很多不同的选项后，每当需要的时候，你就会有灵感在指尖涌动。一起画出你的宝藏盒中所有的东西，然后贴在冰箱上以便参考。拥有一个宝藏盒的概念很有力量，因为它会告诉你的孩子，快乐并不仅仅来自一个人、一个地方、一项活动或一样东西，还来自很多地方。如果一个方法用不了，你可以找到其他的。

　　本章分为提升幸福感的技巧和提升幸福感的活动，任何时候，任何地方，都能给你和你的孩子提供一种强效的情绪提升剂。

提升幸福感的技巧

想要培养孩子提升幸福感的技巧，我们可以在自己的生活中树立榜样供孩子模仿，也可以通过谈话、奖励的方式对孩子进行培养，还可以将这些技巧纳入日常生活和家庭价值观当中，让孩子在潜移默化中掌握。学会了提升幸福感的技巧，你和孩子都将以一个崭新的视角去看待生活，从而提升个人和家庭福祉。

» 品味。品味一直以来都是我最喜欢的自我呵护小技巧。它并不需要花费我们太多精力或时间，也不需要刻意去做，却可以发挥巨大的作用。品味是一种能够让我们切身体验愉悦的能力。在我看来，"品味"的定义应当是"品味生活中的快乐时刻"。要培养品味能力，你可以关注生活中令自己感到平和与喜悦的时刻，不要分心或者让内心的喧嚣破坏那些美好时光，以至于白白浪费了它们。回忆快乐的往事，你就可以品味"过去"；全神贯注于此刻，利用所有的感官来放大快乐的感觉，你就可以品味"现在"；预测未来会发生什么，你可以品味"未来"。教会你的孩子品味生活的艺术，这样他们在任何时候都能体验到幸福。与孩子一起体验品味，你将拥有许多将你们紧紧联系在一起的珍贵的亲子时刻。

» 善良与同情心。富有善良和同情心能改变最具挑战性的时刻。善良和同情心是共通的人性，也是人类幸福的共同基石。为他人服务可以加深人与人之间的联系，使我们牢牢地站在人性的立场上，清楚地了解世界上还有过得远不如自己的人，同时也能提高自我的情绪和自尊心；从更友善的出发点去理解他人的行为，可以使我们能够学会更加灵活地和他人打交道。去寻找善待他人的方法吧，看看这对生活会有多大改变。这样不仅可以减轻你的内在压力，也可以去除那些消极情绪。

» 要挖掘、培养年龄大一点的孩子的同情心，你可以和他们讲讲"心灵长者"这一概念，放下在心中翻滚的想要表达批评意见的想法，让"心灵长者"掌握主动权。要知道，"心灵长者"随时准备着为你提供支持性的、同情和鼓励的善意话语。"心灵长者"可以以未来白发苍苍的自己为形象，也可以是某个值得信赖的人在你心里留下的声音，比如自己的祖父母。在陷入内心挣扎和自我苛责的时刻，请让你的心绪停下来，听听"心灵长者"会说些什么。

» 教导孩子清楚地了解话语的力量。让孩子大声说出描述自己的话语以及他们内心的对话，这些都是很重要的。认为对自己越严苛越好是一个错误的看法，因为根据我的经验，善良总是能引导出更好、更有意义的结果。通常来说，孩子内心的对话是由父母的声音创造的。因此，你要注意自己给孩子树立了什么样的榜样，要有意识地用善意的话语去塑造他们的行动。当然，对行为进行评价也没问题，但要以温柔、克制的方式进行。为了进行更亲切的内心对话，请使用这句咒语："像对待最好的朋友那样和自己交谈。"

富有善良和同情心能改变
最具挑战性的时刻。

如果你觉得某种说话方式并不适合用在最好的朋友身上，那么这种说话方式对你自己同样也不合适。重新组织自己的语言，感受它的不同。没有必要进行自我贬低。对于成年人和年龄大些的孩子来说，还有一个可以培养自我同情心的方法，那就是看一张自己小时候的照片，然后问："我会对这个小家伙恶言恶语吗？"如果你对小时候的自己能用合适的方法说话，那么这种说话方式同样适用于现在的你，也适用于所有人。

» 好奇和敬畏。学习的愿望、求知欲和保持敬畏都可以产生积极的情绪。"我想知道"这一简单的语句可以使我们摆脱僵化的习惯和思维。同时，它也能提醒我们，哪怕只是第一次接触某事、哪怕自己是个初学者也没什么大不了的。与其急于"解决问题"或提供答案，不如鼓励你的孩子去寻找属于自己的解决方案和策略。"下次你还可以怎么做？"这个简单的问题可以有效地激发孩子的聪明才智和独立性。好奇心也可以促进孩子对他人产生更多同情心和联结感。请不要急于让孩子对某件事或某个人下结论，让孩子对他人尽可能保持好奇，并为他人的行为进行尽可能多的解释。

学习的愿望、求
知欲和保持敬畏
都可以产生积极
的情绪。

» 感恩和欣赏。最后是压轴的重头戏。欣赏是指能看见生活中美好事物的能力，而感恩是对他人祝福和成长机会的感激之情，是身处泥淖中的一线希望。你有什么方法可以将这两种品质植入家庭生活，将家庭成员深深地团结在一起吗？

—— 在饭桌上重拾感恩，或者在心情好的时候来一次庆祝性的感恩晚餐，让家人们有机会交流生活中的美好事物。

—— 学会看着别人的眼睛说"谢谢"。

—— 写一封感谢信，陈述他人的善良之举，说说它如何使你的生活变得丰富多彩。

—— 让人们知道你多么感谢他们的努力和友谊。

—— 鼓励欣赏自己的身体。对身体允许你做的事情充满感激之情，而不是因身形而纠结焦虑。

—— 在家里做一棵感恩树，寄托你们各自对家庭的祝福，并把它挂在你们经常能看到的地方。

—— 不要再把自己和你认为拥有更多的人进行比较，应该注意到那些拥有更少的人，并感到感激（对此社交媒体应该承担很大的责任）。

—— 在学校接孩子的时候，问问孩子，这一天中他们对什么心怀感激，你也可以向他们分享自己想要感谢的事情。

—— 一天结束时，在自我呵护日志中记录三件进展顺利的事情，以及它们是如何发生的。如果某天你发现没什么好写的，可以阅读自己之前写下的内容。这么做也会帮助你获得安稳的睡眠。

和我们的宠物依偎在一起

家人

这间安全舒适的居所

附近的小树林

我们的朋友

家庭旅行

我们的小花园

我们的健康

在点滴小事中捕捉幸福瞬间

提高幸福感的做法

游戏

建立一个包含拼图、卡片和化装游戏的库。在那里，让孩子参与可以发挥无尽想象的角色扮演游戏。你还可以准备一些孩子可以自己玩或与他人一起玩的项目。

艺术和创造力

艺术的天空是无限的，艺术的形式也是多样的。写一首歌或一首诗，制作一本书，画各种类型的画或者进行涂色都是激发艺术创造力的好办法。孩子还可以在花园的小路上用粉笔作画，或用水画画，可以用黏土做个雕塑，或者用回收箱里的材料进行雕塑创作，也可以试试沙画，做个马赛克拼贴画，或者创作一些手工编织或缝制作品。此外，还可以让孩子试试烘烤蛋糕或制作鲜榨橙汁，他们将从中获得无穷的乐趣。

展示出你的家庭价值观

制作一张海报，写上你的座右铭或对你来说很重要的观点。我和家人最喜欢的一句话是：我很重要，其他人很重要，每个人都很重要。

运动你的身体

任何运动都有潜在的抗抑郁作用，挺拔的身姿有助于产生更积极的情绪。想获得轻松的心情，可以试试第102—103页上的瑜伽体式。

笑一笑

即便一开始你自己不觉得，但大脑是无法分辨真假微笑的。假装微笑也能改善你的情绪。更好的是找到一个朋友，坐下来看着对方的眼睛微笑。感受这将如何建立起你们两人之间的联结感和相互关怀的感觉。这么做很可能会让你们都笑出声来。

在点滴小事中捕捉幸福瞬间

建立幸福图书馆

阅读或观看一些有趣的东西，制作一本笑话集，或观看视频网站上有关小狗的视频。在我家，《森林泰山》（*George of the Jungle*）是我们的快乐之源。

唱歌或听音乐

在我家，我和家人们已经用我们的小型卡拉OK机举行了多次即兴歌舞会。音乐也可以改变那些经常让人紧张的时刻，比如开车旅行、准备上学或准备睡觉的时候。

通过香味来改变情绪

我的孩子和我一样都很喜欢室内香氛、香薰蜡烛和枕头喷雾。

冥想

你可以闭上眼睛，感受自己的呼吸，重复一句咒语，或者只是单纯地关注你周围任何你认为美丽或令人振奋的东西，如壮丽的自然风光、有趣的建筑、声音、你喜欢的人或颜色。

想象你"最棒的一天"

在这里没有任何限制，闭上眼睛，用你能想象到的最好的食物、人、地点和活动来安排你脑海里最棒的一天。

建立一个"记忆银行"

用你的"自我呵护日志"来记录快乐的回忆和照片。写下发生的事情以及为什么会发生（这里并没有对错之分，但思考原因会让你的心情变好），尽可能地描述它让你有什么样的想法、情绪和感觉。以后再读这些内容会帮助你重温那种快乐。

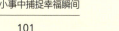
在点滴小事中捕捉幸福瞬间

改善心情的瑜伽体式

"在树上" 的下犬式

目的： 这个动作总是能让我们笑出来

　　以双手双膝跪姿着地起势，吸气时，抬起你的臀部，让膝盖离开地面；呼气时，头自由垂下，把你的脚后跟尽量靠近地面，整个身体形成一个倒过来的 "∨" 形。抬起一条腿，弯曲膝盖并保持腿部悬空，维持几次呼吸，然后用另一条腿做相同的动作。

眼镜蛇式

目的：打开心扉，加强背部力量

脸朝下，腹部贴地趴下，手掌放在胸前。呼气时，将你的胸部、头部和颈部向天空抬起，手臂保持弯曲，肩部下沉。感受这个动作对你身体前部的拉伸。可以选择性地发出嘶嘶声。

站立转体

目的：感受轻盈和自由的感觉

双脚站立，与肩同宽，双臂向身体右侧摆动，身体也向同一方向转动，然后在左侧重复这个动作。保证你的手臂是完全放松的。向每一侧至少转动6次，感受这个动作带来的快乐。

当我感到幸福时，我会……

» 答案显而易见！当感到幸福的时候，我会好好品味它！我将全神贯注地体验这份幸福，用头脑放大这种感觉，全身心地沉浸其中。我可以理所应当地感受幸福，每个人都是如此。

» 如果可以，我可能会与周围的人分享这份幸福的喜悦，这样的话，我们都能收获快乐。

» 我可能会选择把它画下来，或者在自我呵护日志中写下所发生的事情，建立有关幸福时刻的"记忆库"。

当我感到悲伤时，我会……

» 提醒自己，悲伤的感觉终会过去，因此感到悲伤并没有什么大不了。我会问自己，这种难过的情绪在告诉我什么？我需要做什么？有时候也可以什么都不做。

» 我可能会选择坐下来感受它，注意感觉它存在于身体的哪个部位；我也可能会将它想象成一种颜色或天气。我会关注它如何随时间变化。

» 我可以和信任的人谈论悲伤，也可以在纸上写下或画出自己的困扰。我还可以把它放进"烦恼箱"（见第125页），并且放下它。

» 我可以向家人、朋友或老师寻求帮助。

» 如果可以，我会打开"快乐宝藏盒"，找一项吸引我的活动。只要时机合适，我会允许自己感到快乐。

» 我可以试着做一些瑜伽体式，如瓢虫式（见第64页）或山式举臂合掌（见第42页），或者可以找一个安全、平坦的地方躺下，做一些气球腹式呼吸（见第62页）。

教会你的孩子品味生活的艺术，这样他们在任何时候都能体验到幸福。

5

用饮食和运动
调节孩子的情绪

　　想要状态好，健康的营养结构、饮水和日常的运动必不可少。我们可以通过很多办法来建立家庭的健康习惯。我做了10年的私人教练，从中积累了不少经验，能够让你和家人都动起来。我并不是一个专业的营养学家，所以这一章的重点是建立健康生活方式的心理学。我们将探索促进健康饮食和运动的策略与方法，利用这些策略与方法，你可以最大限度地提升家庭生活方式的科学性和趣味性。这部分的主要内容有：通过告诉孩子"为什么"来增强他们的自主性（见第108页），提供正面的示范和切实的计划，鼓励孩子掌握主动权，以及最重要的——获得快乐。

健康饮食

关于健康饮食习惯的曼德拉神咒是："在大多数情况下做出好的选择。"我们需要向孩子传达的基本宗旨是：完整、新鲜的食物才能填饱我们的肚子，"垃圾"食品（比如含糖甜点、巧克力、咸味零食、饼干和蛋糕）可以被看作一种"好吃的"，而不是赖以生存的"食物"。这样的话，孩子就知道他们必须先填饱肚子为生命充能，而后才能享受所谓的美味。谈起"美味"，有另外一句曼德拉神咒与之相关："如果决定放纵一下的话，那么我就一定要细细品尝这些美味。"如果决定好好享受的话，就全身心地投入甜点、比萨饼和电影之夜吧！

让孩子了解不同类型食物的作用和需要它们的原因，这可以鼓励他们选择更有营养的食物。了解为什么人类需要健康的膳食，这件事本身就能从根本上激励孩子主动追求健康，而不需要依靠你不断地说教。你不用给他们提供天花乱坠的解释，因为孩子自己主动想出健康膳食的好处，要比你对他们说"这个对你有好处"有用得多。下一页里我将具体介绍健康膳食的益处，这可能会给你带来一些启发。

为什么需要健康饮食？

- "喂饱"你的大脑。有了良好的营养，我们才能正常思考。营养对专注力、注意力和记忆力至关重要，同时健康的食物也可以很大程度上提高你的创造力和应变能力。你只有吃得好，才能睡得好、恢复得好。

- 滋养情绪。你想感到快乐、平静、乐观向上、富有耐心、富有同情心或拥有幽默感吗？那么就要定时吃健康的、为生命供能的食物，以及喝水。

- 为你的身体"加油"。选择能给你提供一整天能量的食物，为你的体育活动、细胞生长和新陈代谢、力量、耐力、精力和活力提供燃料。

饮水健康

合理地饮水对人体健康至关重要。根据英国营养基金会的数据，孩子所需的饮水量取决于几个因素，包括他们的年龄、天气和体育活动量，但一般来说他们每天大约应该喝上6—8杯水。每一杯的水量因年龄而异——年幼的孩子需要的量相对少一些（如每一杯水120—150毫升），年长的孩子需要较大的量（如每一杯水250—300毫升）。让孩子喝水可能并不容易，我在家里尝试过各种类型的杯子、瓶子和吸管，因为新奇的形式确实有助于提高孩子的饮水量。在我们家，碳酸饮料是坚决禁止的。除了蛀牙问题，对于处在糖/色素高峰的小朋友来说，情绪和行为的自控几乎是不可能实现的。

在大多数情况下
做出好的选择。

情绪健康和用餐时间

许多父母被孩子的饮食习惯弄得焦头烂额，我在这个过程中学到的是：影响孩子的健康状况的不仅仅是他们所摄入的食物，还包括他用餐的环境。我认为这个认识有助于我们调整对自己和孩子的期望，我们需要在"理想"的健康饮食目标和保持饭桌上的平静、安全之间找到平衡。在我刚成为家长时，我的目标是确保我的孩子每天有3顿营养的饭菜，外加一些小吃。但几次重复的教训之后，我很快改变了这个目标，现在我只确保他们吃的东西足够让他们活下去。我不能强迫他们吃任何东西！比起在压力下吃一小口"理想"的饭菜，允许孩子把香蕉、吐司或粥当作晚餐，对整个家庭的健康来说更有好处。放心，香蕉能让他们活下去，而且你们在这个过程中可以保持和谐的关系！

尽管我们知道，营养丰富、搭配合理的饮食组合是最理想的，但要让孩子乖乖地吃水果和蔬菜可能是非常困难的。既然如此，我们需要暂时保持平和的心态去看待他们现在愿意吃的东西。情况会发生变化的。比如在烹调的菜肴里或新鲜的冰沙中偷偷添加一些你想要加入的食材。不断尝试不同的食物。鼓励孩子"闻闻，舔舔，咬一小口"，并对他们每次小小的尝试进行表扬，因为这确实是一项成就。利用好你现有的条件，避免因为僵化的"理想"膳食伤害你自己和孩子。

有了良好的营
养，我们才能
正常思考。

肠道健康和心理健康的关系

大量关于肠道健康的研究和调查显示，人体微生物族群和情绪之间有着莫大的关联。作为一名心理学家，我致力于提高人们对肠道健康与心理健康之间关系的认识。经常有咨询者在身体生病时或生病康复后给我打电话，尤其是那些患了胃病的咨询者，他们会向我抱怨自己存在焦虑和抑郁的症状。在身体不舒服的时候，你很容易情绪低落或感觉思考迟钝。你要清楚这一点，也应该告诉孩子，让他们知道这背后的原因，以及这种情况很快就会过去。只要我们定期锻炼、睡眠充足、保持放松、创造健康的生存环境（但最好不使用抗菌洗手液）、建立良好的饮食规律，我们就可以拥有健康的肠道。我们可以多吃不同的植物性食物以获得足够的膳食纤维，尽量少吃糖和过度加工的食物；多吃一些富含益生菌的食品，如活性酸奶、奶酪和发酵食品，这些都可以促进肠道微生物的生长。在服用抗生素后，这些做法更为重要，因为抗生素不仅会杀死对身体有害的细菌，也会杀死对身体有益的细菌。

选择健康饮食并建立良好饮食计划的实用技巧

计划与组织

提前做好饮食计划是最基础的事情。如果家里没有现成的健康食品，当我们"饿急眼"的时候，就很容易选择方便食品或垃圾食品。你可以和家人一起坐下来，为未来一周制订饮食计划，并根据需要采买食材，这样既可以吃得更好，也可以减少浪费。试着提前做好食物的粗加工，这样的话即使在繁忙的晚上，你也可以轻而易举地选择健康的膳食。最简单的事情就是保持健康，所以我们家里总是备有酸奶、毛豆、浆果、牛油果、香蕉、胡萝卜（我会为孩子切好，这样他们就可以直接吃了）、全麦面包等等。把诱人的零食放在看不见的地方，让那些不能抵挡诱惑的人找不到它们。列出一份你们全家都喜欢的营养食品清单，确保这些食品定期出现在购物清单上。

规律进食，尊重饥饿感

为了滋养情绪、使大脑保持清醒，有规律地进食至关重要。字面意义上看，我们需要"喂饱"大脑，这样才能做出好决定，包括决定我们要买什么。同时，鼓励孩子了解并尊重饥饿的感觉。如果他们饿了就吃点有营养的东西，饱了的话就不要再吃了。对于胃口小的孩子来说，先吃东西再饮水的顺序可能更适合。还有一个有效的方法是盘子里的食物尽量少盛一些。我会盛给孩子一些我希望他们至少要吃一点的食物——如果他们想多吃一些当然也可以。堆满食物的盘子会让孩子感到压力。别忘了，孩子的胃可不大，吃上一点儿他们就感到饱了，所以也要让孩子尊重自己的饱腹感。不过，如果这时候你问他们是否还能吃点儿甜点，恐怕他们的回答会更诚实……

一起准备你们的饭菜

与孩子一起做饭是一项美妙的正念练习。在你们准备和享受生命之餐的时候，请把所有忧虑都抛开。与孩子一起做饭可以增进感情，培养他们的技能，从而增强他们的自尊心。你可以向孩子解释做饭的步骤，并且告诉孩子为什么要这样做。与他们分享珍贵的家庭食谱，这可以创造一种鲜活的家族凝聚感。我的女儿喜欢把这一切记录在她的自我呵护日志中，我希望她在长大后能不断重温这些内容。你的孩子有想要学习烹饪的菜肴吗？这可以鼓励挑食的孩子尝试新的食物。我发现只要是吃自己帮助准备的饭菜，孩子吃饭的兴致都更高。

在用餐时间打造家庭团聚的仪式

让孩子参与布置餐桌、端碗筷，或者说一些感恩的话。把书本、玩具和手机放在其他地方，专注于分享用餐的体验。了解每个人一天的经历，从而增强你们的联结感。用餐时间还为我们提供了一个理想的练习正念的机会：品味食物的色泽、香气、质地、咀嚼的味道和口感，并分享令自己感到愉快的事情。和孩子一起吃晚餐时，我会象征性地吃一小部分为他们准备的食物，然后等丈夫回家后也和他一起吃一些东西。如果你也准备这样做，一定要注意做饭的分量，不必觉得自己必须吃完孩子盘子里的东西。如果你发现自己需要扔掉食物，那就需要调整每一餐的食物量。饭后收拾同样提供了一个分担家庭责任的机会，孩子可能也会喜欢洗碗这种可以达到正念效果的工作。

"自助"并鼓励孩子做出选择

有些令人愉快的用餐时光是以自助的形式进行的，我们可以选择并分享我们想吃的东西。这种社交活动经常鼓励大家尝试不同的食物，而且孩子喜欢有责任感和被当作成人对待的感觉。你可以对选择进行限定，你应该说"你想吃什么"，而不是问"你要不要吃些蔬菜"。

让吃饭变得精致有趣

花瓶、桌布、餐垫、盘子、杯子和餐具这些大家都喜欢的东西，可以彻底改变用餐的体验。

健康的运动

健康的运动，不仅仅是指健身或体育锻炼，任何身体的活动都能对个人和家庭的健康及福祉产生极为有益的影响。不要只是鼓励孩子动起来，你也要和他们一起运动，这样他们会紧跟你的步伐。在一天中能让你动起来的方法有很多——检查一下日程安排，看看怎么才能在一周内安排多一些的活动时间，你可以尝试一次远足，或者在家里做一些瑜伽。在一周计划里提前预留出运动时间，并尽量保证运动的优先性。和孩子聊聊活动身体的好处，让他们注意到运动后身体的感觉有多好，从而完善他们的自我呵护工具箱。如果你选择的运动不会令人感到愉快，那就换一种方式。运动不必让人反感、痛苦，甚至也不需要让人感觉到累，这样才会对健康有长远的好处。可持续健康运动的关键是：

» 承诺

» 优先考虑

» 规划

» 乐在其中

还需要更多的理由吗？看看下面列举的好处吧，总有一点会打动你。

为什么我们需要健康的身体活动?

为你的大脑而动。健康的运动不仅仅旨在塑造良好的身体素质,它还应当是"为精神健康而运动"。运动可以改善情绪,提升创造力、解决问题的能力、专注力、注意力和记忆力。如果你感到郁闷、无聊、思维困顿或者开始犯拖延症,可以动动你的身体,感受运动带来的能量转换。试试瑜伽里的下犬式(见第65页),你可能会从一个全新的角度看待事物。

为你的身体而动。我们都知道运动对力量、协调性、柔韧性和身体生长是有好处的,但也要认识到,运动能让自己学会欣赏自己的体魄。鼓励孩子更看重运动的价值,而非形式。怀着这种对身体的感激之情,可以让人拥有一种力量感,也会塑造更强健的体魄。

为你的心而动。这里说的并不是心血管系统,而是指培养友谊和建立人与人的联系。参与团队运动可以让你感受到良好的集体归属感,与自己所爱的人一起运动可以成为共同经历、创造回忆的一种方式。共同的运动目标可以使你们团结一致,推动你们取得更大的成就。

　　每天尽量保证30分钟的运动，记住任何形式的运动都算数。运动的效果是累积的，所以不必连续运动30分钟。随时随地的5分钟运动将会带来同样的好处。多样化的运动将有助于提高动力，并使你的身体持续响应，最好是结合有氧运动、阻力训练和伸展运动。没有必要去健身房（除非你愿意！）——只要你愿意动起来就可以。更好地了解你自己，了解阻碍你运动的障碍或借口。在运动前，自觉地提出一些运动口号，这有助于你真正践行定期锻炼的承诺。比如你可以说"如果我感到疲惫，那么就做一些瑜伽伸展动作"，或者"如果下雨没有办法打篮球，那么我可以在室内放上音乐，做一些深蹲、弓箭步和卷腹运动"。

不要只是鼓励孩子
动起来，你也要和
他们一起运动。

运动的方式

和你的家人一起头脑风暴，想一想适合你的所有运动方式，并把它们记在"活力之轮"的"饮食与肢体活动"部分。每当需要给家庭注入活力或者找到合适的运动方式时，就参考它！以下是一些建议。

舞蹈

跟着音乐或音乐视频动起来，在做家务的时候也可以跳一跳。

瑜伽

本书的每个章节里都有一些瑜伽体式，它们可以满足几乎所有的情绪需求和能量水平要求。

园艺

在花园里修剪、除草、浇水、种植，也可以在柔软的草地上做做倒立。

整理家务

吸尘、除尘、擦窗户、收纳衣物，这些活动都算数。

散步或慢跑

在家附近走一圈，或者走远一些。寻找一些山坡、台阶，或者增加一些弓箭步、卧推、俯卧撑的动作。如果你想为养狗找个理由，那么就不必再犹豫了。

玩游戏

试试那些我最喜欢的老式游戏，比如跳皮筋、跳房子和扭扭乐，或者玩一些运动类的电子游戏，比如 Wii Fit（一款体感动作游戏）。

踢球

到最近的草坪上踢球，或者也可以玩玩飞盘。

骑自行车、滑板车或步行去你通常会开车去的地方。尝试这些新鲜的、更积极的交通方式，而不是一直开车。

参观当地的农场或动物园

如果有可能的话，你可以给家里办张当地农场或动物园的年卡，这可以成为全家定期出游的理由。

玩水

在炎热的日子里，拿出水枪，或者去当地的游泳池玩水。

探险运动

试试滑冰、室内滑雪、皮划艇、蹦床或攀岩等不同寻常的运动形式。

用饮食和运动调节孩子的情绪

帮助你动起来的瑜伽体式

马式转星式平衡

目的：提高心率，强化身体的力量

　　双脚分开到肩宽的 1.5 倍，脚趾朝向与地面呈 45 度。双手在胸前合十，下蹲。然后站起来的同时将重心移到右脚，抬起左腿，将身体展开呈星形并保持这个姿势。回到蹲位，在另一侧重复这个动作。每侧做 6 次。

跪姿超人式

目的： 强化后背

四肢着地，脊柱挺直，确保整个动作过程中背部和腹部不会下垂。吸气时将右臂向前伸出，拇指向上，同时左腿向后伸出，脚跟向后顶。呼气时回到四肢着地的位置，保持臀部和肩膀同高。吸气时伸出左臂和右腿；呼气时回到四肢着地的状态。感受核心肌群的力量和支撑，感受脊柱伸展的感觉。每侧重复6—10次。

臀桥式

目的： 拉伸腹部，激活腿部肌肉

仰卧，膝盖弯曲，双脚着地，吸气时将双臂伸直举向头顶上方；呼气时将手臂收回置于身体两侧，臀部向天空抬起。吸气时臀部下放，手臂上举；呼气时手臂下放，臀部上抬。重复10次。

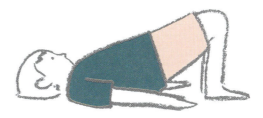

当我感到焦虑时，我会……

» 提醒自己，焦虑的思绪和感觉是正常的。我可以顺其自然。我不会对自己太苛刻，也不会因为感到焦虑而担忧。

» 使用咒语："这只是一个想法或感觉。它会过去的。它不会永远这样。"

» 扫描我的身体，缓解我发现的任何身体紧张——特别是我的脸、眼睛、下巴、肩膀和胸部。

» 用体态来改善情绪。站得笔直，开放心胸，感受脊柱的长度、腿的力量和脚下大地的支持。

» 呼吸。试试气球腹式呼吸（见第62页），让呼气绵长顺畅。

» 让身体动起来。定期的瑜伽练习有利于控制焦虑，每天只需 5 分钟。为了缓解焦虑，我可以做山式举臂合掌（见第42页）、瓢虫式（见第64页）或站立转体（见第103页）。即使在大自然中的简单散步也能使我变得平静。

» 分散注意力。使用正念之罐（见第26页），或者把注意力集中在一些令我感到振奋的东西上，比如自我呵护日志、喜欢的音乐或一些美丽有趣的东西。

用饮食和运动调节孩子的情绪

» 重塑看法。问问自己："这种担心是真实的吗？对此我可以做些什么？""一年后，这件事还重要吗？"或"我在这件事里学到了什么？"

» 进食和补充水分。我的焦虑是饥饿或口渴引起的吗？那就吃点能提供能量的点心，喝杯水吧。

» 肢体接触。向他人寻求一个拥抱，也可以坐下来抚摸宠物或可爱的毛绒玩具。

» 表达焦虑。我可以写下让自己焦虑的事物，并且享受宣泄的感觉，或者把它们放在"烦恼箱"里保存，这样我就可以放下它们。此外，我也可以对父母说出忧虑，只要大声说出来，就能弄明白自己所焦虑的到底哪些是真实存在的，哪些是不存在的。如果可以的话，我会像朋友那样给自己写一封信，谈谈我的焦虑。如果焦虑持续存在，我可以给自己安排一个专门的"烦恼时间"，一旦在这个时间段之外出现焦虑的情绪，我就会提醒自己现在不是烦心的时候。

» 保持善良。对别人做一些好事可以让我走出自己的情绪，服务他人可以很好地改变我的心情。当然，对自己也要善良和温柔。

6

从人际交往中
找到幸福感

　　联结不仅滋养着个体，也可以为家庭提供力量。健康、积极的关系是一切幸福的基石，许多人会说，归属感和人际关系是生活的全部内容。人类有一种基本的、进化而来的需要，那就是归属，去爱和感觉被爱。正是在与他人的关系中，我们个性的粗糙边缘被磨平，家庭生活会帮助每个成员了解什么是可以的、如何最大限度地发挥自己的优势。"活力之轮"中的这部分介绍了能让家庭紧密联系在一起的简单技巧和习惯，它们可以巩固家庭纽带，强化我们作为家庭成员相互联系的能力，为我们的孩子提供一个坚实的基础，让他们从中去探索世界。

什么是联结?

当我们把正念和同情的技能带入与他人的互动中时,联结就此产生。联结是一种自我与他人合拍的感觉,是一种在此刻共生共存的感觉。它是通过人与人之间双向的关心、经验或兴趣的交流而产生的。联结可以是简单的眼神接触,也可以是一次点头致意,它可以传递"我们在一起"的信息。在餐桌上与身边的人轻松交谈,或与为你服务的收银员交流,都可以产生联结。对于你所爱的亲人,联结可以是倾听他们一天的经历,或者一个善意的动作,比如把手搭在他的肩膀上或者拥抱。建立联结就像是装入了一种能源,有了它,生活就充满了目标和热情,使其成为一种非常有效的滋养心灵的手段。

在家庭内部建立联结

什么能够滋养一段关系以及家庭的健康呢？信息的流通、共度的时光、沟通的质量、创造记忆与重温记忆都能使一个家庭保持凝聚力和感情联结。下面让我们进行更深入的探讨。

信息的流通

信息的流通就是指家庭成员互相了解对方最新情况，知道彼此生活中发生了什么，并表达关注。你可以在晚上问问家人，今天发生了什么事。我知道，这样的交流在孩子牙牙学语的时候是很困难的，但请一定要坚持下去。信息的交流也可以是分享兴趣，从而形成一种被认识和被理解的感觉。因此，询问孩子当天有什么有趣的事情是一个很好的话题切入点。无论是否采用面对面交流的方式，你都可以让家庭成员感受到你的关爱。我的母亲通过写信和给孩子发送有趣的视频来跟我们保持联络，而我们也会拍照告诉她我们正在做什么。这些事情都不需要花费彼此太多时间，但好处是实实在在的。

建立联结就像是装入了一种能源，有了它，生活就充满了目标和热情。

共度时光

高质量的时间可以是和家人一起参与活动或互相陪伴的时光。如果你们有喜欢一起做的事情，那就去做吧。有时候仅仅是待在同一个房间里，每个人都在做自己喜欢的事，也是可以的。联结来自对"在一起"的状态的关注和感恩。

在学校门口或者一天结束前创造一些具有仪式感的活动，能够加深家庭成员的情感关系。与家庭成员重新建立情感联结的方式取决于你本人，可以是一起吃顿饭，也可以是坐下来回顾你们的一天，或一起放松地看会儿电视。你可以让许多不同的活动具有重新建立情感联结的意图。周末的时候，你们有没有一些特别的活动？我和家人喜欢在早上起床前依偎在一起，然后再开始一天的活动。此外，一起做饭和享受大自然也是我们建立联结的日常方式。

沟通

优先安排一些时间，让家庭成员表达各自的思想、感情和想法，积极邀请家人对自己说的话进行点评或反馈，可以让家庭关系更和睦。通过积极倾听，真诚地表现出你对他人所说话语的兴趣，通过眼神交流、点头、提问和解释确认你的正确理解，可以提升家人的联结关系。我们不仅要关注沟通的时机，还要关注沟通的方式。特别是对孩子来说，与他们平视交流会帮助你引起孩子的注意，相比高高在上地俯视孩子，这种做法也可以创造一个更安全的沟通环境。如果你发觉很难引起孩子的注意，可以使用一些辅助工具。比如我会播放一段瑞奇·热维斯（Ricky Gervais）与他的宠物猫科林的视频。相信我，这些视频值得一看。如果孩子对我叫他们的名字没反应，我就喊几遍"科林"，然后我们就笑作一团了。

从人际交往中找到幸福感

将正念引入对话是一种美妙的实践，让你有机会退后一步并选择最有建设性的词语。这里的关键是"非暴力沟通"，当然，当我们脾气发作时，这么做并不容易。非暴力沟通指向的是行为本身，而不是故意去责备、批评或攻击对方。比如将"你太不友好了"变为"你刚刚说的或做的是不友好的"。比如将"你怎么回事"这句话变成"发生了什么事"。

我们可以练习如何做好非暴力沟通。应该以不带情绪的观察为先导，并温和地提问以了解更多的信息，例如"你今天晚上话很少，你有什么心事吗"。积极与消极话语的比例也会影响到彼此的关系。争取做到每一条负面评论都有三条积极的评论。这意味着对于父母来说，我们需要熟练地表扬孩子做得好的地方，而不仅是说出我们想要他们进行改变的地方。

创造并重温记忆

快乐的记忆会将我们紧密地联系在一起，并建立共同的身份认同。回忆可以提升家庭整体的情绪。对你来说，有哪些最深刻的家庭记忆？你如何创造新的记忆？家庭出游或度假是创造重要回忆的绝佳方式，但同样，我们也可以通过简单的小事达到这个目的。我感谢父亲与我们分享他最喜欢的歌曲，此后每当我们听到这些歌曲时，就会想起他，与他保持联结；我也喜欢在爷爷奶奶与我们分享的、对园艺的热爱中感受到我们之间的亲密无间。愉快地在自我呵护日志中建立你的"记忆库"吧，并且和家人一起不断重温。

悲伤：如何与故去的亲人保持联结

悲伤没有正确或错误之分，悲伤也不受时间的控制，人们表达和体验悲伤的方式是非常个人化的。我希望这本书中一些舒缓的瑜伽体式可以帮助人们消化悲痛。根据我的经验，在亲人过世后寻求一种持续的、与故人保持联系的方法，这对整个家庭都有疗愈作用。孩子是非常能接受这种想法的，他们也会创造出属于他们自己的联系方式。亲人从生活中"消失"，这种感觉会让人肝肠寸断。但如果我们可以想象，他们并没有走，只是以不同的方式在这里，可以缓解情感的打击。思考、谈话、参与有意义的活动或前往对你们来说具有特殊意义的地方，可以让你和故去亲人之间的联结保持活力。我的爷爷不会再出现在我身边，但每当听到传奇乐队 ABBA 的歌曲时，他就会在我的生命里被唤醒。他会以鸟和蝴蝶的形式来拜访我们的花园。他还曾经在几个重要时刻——他葬礼那天，以及我儿子第一天上幼儿园的那个早晨，以翠鸟的形象来到我们身边。

与家庭外的人建立联结：
你的朋友队伍中有谁？

除了我们的家人，我们还需要朋友的支持，他们为我们加油，并和我们一起庆祝美好的时光。值得注意的是，联结有许多不同的形式，这些关系的目的也可能不同。拥有广泛的友情是一件美好的事情，其中一个有用的概念是想想谁和你是一个队伍的。

思考一下生活中与你亲近的所有人，并将他们列出来，或者动手制作分类的图表。其中可能有远房亲戚、学校/工作中认识的人、老师、运动或其他活动中认识的朋友或邻居。在每个名字旁边记下你喜欢和他们一起做的事情，或者他们的优点。你会发现不同的人有不同的优点，你和他们所分享的时间也有所不同。有些朋友善于聆听，而有些人只是你的运动伙伴，这都很好。了解你的队伍中每个人各自擅长什么，并乐见其成。同时也要考虑你可以为他们提供什么，确保人际关系是一条双向道。

检查你的列表，确保你与团队中"特殊人物"的联系是与时俱进的，并滋养这些关系。注意，随着时间的推移，友谊会发生变化。随着你的兴趣或其他的变化，有些友谊可能会自然消失。这是生活的正常组成部分。

你的朋友队伍中
有谁?

激发联结的做法

思考友谊或家庭对你的意义

什么样的品质会让你备感珍贵？想一想自己所珍视的人，在自我呵护日志中写下你们这段关系好在何处——也许是因为信任，也许是因为在一起时的欢笑，也许是因为可以彼此分享很多事，也许是因为有共同的兴趣基础。向朋友和所爱的人表达你的欣赏之情，有助于建立更亲密的关系。你可以多花些时间、精力在情感最丰沛、令你精神最振奋的关系上，也可以着力维系好与志同道合者的伙伴关系。无论你选择在谁身上投入时间和精力，都是可以的。

绘制家庭树

绘制一棵家庭树，在树上记录每个成员的快乐逸事，并让孩子能有所了解。孩子喜欢在大家族背景中找到父母和他们自己的位置，从而创造更深的家族归属感。

不要让你的"拥抱杯"空空如也

我和孩子喜欢在脑海里想象一个杯子，这个杯子会被拥抱所填满。当我们情绪低落时，我们要让别人知道我们需要"续杯"。孩子喜欢来自他人主动、自发的拥抱，而不是要求别人去拥抱自己。无论是对孩子还是对成人来说。在适当的时机提到"拥抱杯"可以避免不良行为的发生。

分享音乐

研究发现，童年时期与父母一起分享过音乐的人，在进入早期成年阶段时，与父母的关系质量更高。和孩子一起演奏乐器或听音乐，或带孩子去看现场音乐活动（比如音乐会），可以在亲子关系中培养同步和亲密的感觉。保持音乐品味的一致也是一种建立情感纽带的方式。

口头禅

在生活中重复使用某些短语可以让我们感觉与其他人的相处更融洽，帮助我们提升人际关系。试试"善行善言"，或者"我是被关心的""我不孤独"或"事情可以变得更好"等短语。"受伤的人会伤人"这句话有助于我们变得更有耐心和同情心，也能让我们从更友好的视角看待别人的行为。

冥想

友爱冥想的作用极其强大，通过友爱冥想，你向自己或其他人展现出一种关怀的感觉。首先从你感觉亲近的人开始。静静地想象他们，然后重复这些话："愿他们平安。愿他们安全。愿他们快乐。"通过实践，我们可以学会向与我们有冲突的人，或者我们没有自然亲近感的人传达同样的感觉。这么做不仅可以增强我们与他人的联系，还可以增强我们内心的平静感。

让他们知道！

制作一条友谊手链，写一封充满爱意的信或一首诗，在孩子的午餐盒里放一张小纸条，而我喜欢在孩子的三明治袋上画一个笑脸、写几个他们的优点或一句快乐轻松的话。表达关爱是很容易做的事情。

从人际交往中找到幸福感

促进人际联结的瑜伽体式

倒立

目的：让你笑出来

倒立是有些难度的，如果想接受这个挑战，你可以戴上一顶帽子来增加游戏性。先从靠墙倒立开始尝试，请把双手在墙根处分开到与肩同宽的位置，小心地将一条腿踢起，或者也可以两条腿跳起，并把它们放到身后的墙上。这可能需要鼓起相当大的勇气和多次练习才能真正"站起来"。尽情地玩吧，哪怕不能非常标准地道也没关系，也可以感到尝试倒立是多么令人振奋的事。对于孩子和更勇敢的成年人，他们可以试着在户外徒手倒立。孩子还可以选择在他人的帮助下倒立：让孩子面对你站着，让他们把手放在你的脚上。请弯曲你的膝盖，让孩子小心翼翼地抬起一条腿，请抓牢一只脚踝，然后再抓稳另外一只，紧接着把它们抬起来摆成倒立姿势。做完倒立后，你们一定要先做一下瓢虫式（见第64页），因为如果你从倒立姿势突然站起来很可能会感到头晕。

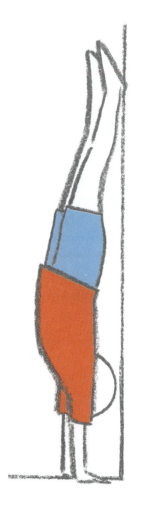

仰卧膝关节环抱

目的：释放

　　仰卧，双臂放在身体两侧，双腿尽量伸长，吸气时将双臂举向上方；呼气，抱住右膝到胸前。吸气时将腿放回原处，再将手臂举向上方；呼气，抱住左膝到胸前。每条腿重复 6 次，感受背部和臀部的舒展与放松，释放你不需要的东西。

卧蝴蝶式

目的：在"我们在一起"的感觉中休息

　　将脚底合拢，膝盖向地板下落。将双臂举过头顶，一只手握住另一只手腕。闭上眼睛，感受腹部随着呼吸起伏。完全放松身体，呼吸 5—10 次，如感觉不错，可以持续更长时间。

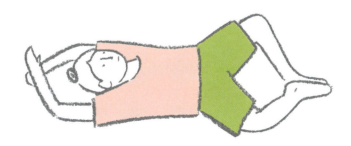

当想念某人时，我会……

» 回想我们一起度过的快乐时光。

» 记住他们让我真正喜欢的东西——对我来说，他们的特殊之处在哪里？

» 看他们的照片。

» 哭一场，这是完全可以的。

» 填满我的"拥抱杯"。

» 如果条件允许的话，我会给他们打电话；即使他们不在人世了，我也可以给他们写封信或画一幅画。

» 做一些他们喜欢的事情，或者只是回忆一些对他们来说特别的事情。也许是听一首歌，也许是品尝他们喜欢的一道菜，或者看一些会让他们高兴的东西。

» 在大自然中寻找他们。他们是否化身为动物、花朵或其他生物？

» 想一些即使分开或不在一起也能和他们保持关系的方法。我可以通过谈论他们以及我们共度的快乐时光让记忆生辉。我也可以做一个和他们有关的记忆盒。

» 感激他们给我的爱，想象和他们说话，世界总在倾听。

» 做些有趣的事情，比如用一个瑜伽姿势来舒缓和振奋精神。试试山式举臂合掌（见第42页）。

当我感到孤独时，我会……

» 孤独地坐一会儿。注意到独处未必意味着孤独。好奇地探索是否有其他感觉伴随着孤独。

» 问问自己："这份孤独在鼓励我做什么？我想要如何和别人建立联系？"

» 看看我的朋友队伍里有哪些人，向那些能够满足我当下需求的人求助。

» 在自我呵护日志中写下我的感受。

» 尝试做一些瑜伽，享受与身体连接的感觉。

» 坐在大自然的美景中，或望向窗外，看看周遭的生命。

» 使用咒语，让呼吸放松下来。试着重复："我是安全的，我是被爱着的，我是被包容的。"

从人际交往中找到幸福感

7

让孩子自信的关键：
找到优势、建立价值观

想要在世界中发光发亮，有许多不同的方式。这一章会介绍作为成人，我们应该如何向孩子传达这一信息。我想每个家长都有过这种痛苦的经历：见证了孩子在不同场合（如家里、教室里、学校操场上）表现出来的实际或想象中的短板，孩子错过了在学生会、学校戏剧表演或运动队中表现的机会。在拓宽孩子对"聪明"的理解时，在向孩子介绍优势和价值观的概念并帮助他们认识自己的长处时，作为家长，我们的作用非常重要。孩子认识到自身优势的时刻会成为他们人生中的高光时刻——他们拥有了目标和自我认同。他们能更好地看到并捕捉让自己发光发亮的机会，从而提升自尊心和幸福感。

优势与价值如何在自我保健上发挥作用？

你也许想知道，个人的优势和价值与自我保健有什么关系呢？这是很简单的道理：在生活中发挥优势可以激发自身活力，增强自我价值感。为了体现自身价值而采取的一系列行动可以让我们充满激情，能够脱颖而出、有所作为。明确优势和价值为我们的自我保健工具箱提供了一种绝妙的应对策略。哪怕仅仅意识到个人优势的存在也是一种思想的解放，因为这可以让孩子明白，他们并不需要在所有的事情上都表现出众；优点也能让孩子认识到，每个人的天赋是有所不同的，人与人的差异是完全可以接受的，因为他们每个人都有宝贵的特长和能力。我希望作为父母的你也能意识到这一点，你不必在养育孩子的所有方面都表现出色。有些事情你会做得很好，有些事情则会觉得吃力，这都是为人父母的正常现象。清楚地认识到自己的长处可以提高自尊心，使我们确信自己可以为家庭、团队、工作单位或班级做出贡献。了解自己的优点也可以增强能力，帮助我们克服和弥补不足。例如，坚持和勤奋可以帮助人们弥补数学能力方面的缺陷。仅仅是想一想我们在这世界上的价值就足以让人精神一振！以上就是为什么说明确并利用好天然的优势和价值是一种强大的自我保健，因为它可以极大地呵护个人及家庭的健康。

如果你问你的孩子"聪明"是什么意思，你可能会得到一长串的有关能力的答案，如数学好、说话自信、书写工整或阅读能力强，这些能力通常通过课堂测验成绩来体现。当我们进一步向孩子阐述这个问题，告诉他们能力还包括身体能力、个性特征、情绪、沟通和社交技巧以及技术或创造性追求等一系列其他才能时，孩子会从中受益良多。这件事并不关乎比其他人更好，而是帮助孩子连接他们天生就擅长的事情，发觉他们的独特才能，并增加使用这些优势的机会。虽然有些品质比其他品质更容易得到，但我们需要强调，优势也有可塑性。我们可以培养和发展我们选择关注的任何才能。

作为父母，我们的注意力很容易聚焦在弥补孩子的不足之处之上。与其专注于他们的弱点——这可能会使你和孩子都精疲力竭——不如去感受当他们的优势被不断放大时的振奋。如果您想了解更多关于优势的信息，我推荐利·沃特斯教授的《优势教养：发现、培养孩子优势的实用教养方法》（*The Strength Switch*）一书，她在书中总结了以优势为基础的教养方法对孩子和成人的积极作用，包括：

» 课堂里的幸福感和参与度更高。

» 基础教育阶段的课业成绩和进入大学后的学术成就更高。

» 工作中幸福感更高，表现更好。

» 病后恢复更好。

» 健康水平更高，更容易选择健康的生活方式。

» 应对压力和逆境的能力更强。

重视优势并不是说在孩子需要额外帮助的时候袖手旁观，而是说，要确保我们不能只关注弱点，从而忽略了那些能让孩子精神振奋的活动。我们要建立起对优势和劣势的正确认识，并平衡地分配在每件事上花费的时间和精力。寻找优势将改变你看待孩子的角度，使塑造行为和鼓励积极和建设性的自我发展变得更容易。你会更多地注意到他们做得好的地方，而不是需要改进的地方，从而使家庭环境更加和谐。

性格优势示例

什么是优势和价值观?

优势和价值观是每个人内生的资源，在生活困难的时候它们可以让我们精神振奋。沃特斯教授定义优势为"能激发我们的积极品质，我们能做得好并且经常选择的品质"。优势是通过我们的天赋和持续的努力在一段时间内发展出来的。优势被其他人认可为值得赞扬的品质，积极地为他人的生活做出贡献。优势通常是自然的，以至于我们经常忽视它们，或者没有看到它们真正的能力。另一方面，价值观是指导原则。价值观是你珍视的特质，无论它们是否是自然而然的，或者是否很容易获得。

如何识别优势和价值观

发现所有家庭成员的不同优势，是一个值得坐下来探索的问题。这将帮助每个家庭成员感到自己被看见、被理解和被赏识，所有这些都会使你们团结在一起，使互动更加顺畅。上一页的插图展示了 VIA 性格优势研究所[①] 列出的一些性格优势示例，你可以在图中找出引发自己共鸣的部分。你可以和孩子谈谈他们的兴趣、技能和天赋，简单记下对所有家庭成员的观察，以及得出的结论。一旦你们确认了各自的优势，就可以谈谈每个家庭成员之间的异同，并思考你们之间如何进行互补。

---

① VIA 性格优势研究所或称人格力量研究所，VIA 是 Value In Action 的简称，是一种对性格优势的测试，其中包含 6 种美德和 24 种性格优势。——译者注

优势和价值是每个人内
生的资源，在生活困难
的时候它们可以让我们
精神振奋。

发挥优势与价值观

　　为了让孩子发挥优势，你可以告诉他们各种美好的品质能在什么时候表现出来，并提供一些实际的例子，或者你也可以询问发生在他们身上的例子。根据孩子表达自己的不同方式来和孩子保持交流，当你看到他们的优势时，就把看到的说出来。在观察到孩子正在展现自己的优势的时候，你要引起他们的注意，同时要对他们的行为表示欣赏。如果能做到这一点，在与孩子交流中的积极语言和消极语言比例就可以达到3:1。你可以帮助孩子反复锻炼他们的优势，为他们创造机会来运用这些优势，或者是用不同的方式重新设计原有的活动，从而让他们能够从中发挥优势。你还可以引导他们注意如何使用他们的优势来克服挑战。

　　虽然我们要鼓励孩子运用他们的长处，但重要的是不要鼓励他们过度使用，这可能会耗尽他们的能量或对人际关系造成伤害。比如说，朋友间的和解能力——仅仅因为你的孩子在某方面做得好，并不意味着他应该是那个总是妥协或承担解决问题责任的人。同样，如果你的孩子的长处是诚实、幽默、包容或具有领导力，他们需要知道在什么时候、多大程度上发挥这个优势是合适的，毕竟任何优势都可能被过度使用。鼓励孩子去了解自己和朋友的优势，可以帮助他们更好地应对友谊之路上的挑战。

鼓励你的孩子了
解自己的优势。

识别优势和价值观的做法

你的英雄是谁？谁在激励着你？为什么？

你欣赏什么人的什么品质？这些人可以是活着的真实人物，也可以是历史上的人物，或者是书本、电视或电影中的虚构人物。

绘制出所有家庭成员的优势图

把这个图挂在你可以看到的地方，并思考你的优势可以如何帮助家庭，使其成为一个快乐的地方。展示你对他人优势的欣赏，即使它们与你的优势不同。对我们自己和周围人的优势感到好奇可以帮助我们更好地理解彼此，并对他人的行为做出更善意的解释。因为不同的优势会在不同的年龄阶段发展出来，所以有必要在孩子长大的过程中，反复观察他们的优势如何成长和发展。

写下家庭使命宣言

你可以自由发挥创意，配合颜色、图像、短语、名言或品质清单来写下家庭使命宣言。确认作为一个家庭，对你们来说什么是重要的，它可以简单到"这个家充满了爱"。

设计你的个人使命宣言

在自我呵护日志中记下对你个人而言的重要事物。你希望如何在这个世界上生活？你希望以什么事情为人所知或被人记住？你可以考虑你在生活中扮演的不同角色，以及你希望如何扮演每一个角色——比如父母、兄弟姐妹、孩子、朋友或邻居。

当家里发生冲突时

唤起你们都尊重的价值观，或者调动可能有助于缓和局面的优势。有时候，一个温和的提醒就足够了。

使用肯定语句来指引你的价值观

无论什么时候，你都可以通过不断重复"我是……的"句式来肯定自己，从而滋养或加强你想要的感觉。以下是我们在家里使用的一些例子："我是平静的""我是坚强的""我是很有能力的""我是愿意学习的""我是友善的"。这种做法很好，你可以分享给孩子，让他们也这样做。他们可以在自我呵护日志中记录对自己的肯定，这么做会持续滋养他们。

让孩子自信的关键：找到优势、建立价值观

连接你的优势及价值观的瑜伽体式

马式站姿和山式呼吸

目的： 感觉强大和充满活力

站立，双脚分开至肩宽的 1.5 倍，脚尖向外 45 度。吸气，将手臂举过头顶，向上看你的手。呼气，深深弯膝，双臂环抱成弧形慢慢下降，手指尖在你的身体前方接触，向前看。重复这个深蹲动作：以你的呼吸为导向，感受双腿的力量和脚下的大地。重复 10 次。

勇士式

目的： 感觉强大、勇敢、蓄势待发

两脚分开与臀同宽。右脚向前迈出一大步，大幅度弯曲右膝，并努力伸直后腿，后脚跟离开地面。保持这个姿势，吸气时双臂上伸高于头顶，呈"V"形；呼气时弯曲肘部，手臂降低，呈"W"形。重复这个动作 6 次，然后换腿。感受这个动作让自己精神振奋并激活身体。

舞者式

目的： 激发勇气

　　站立，左脚跟接触左臀，左手握住脚踝。在不扭动身体的前提下，慢慢将左腿向后伸，右手向前伸出，并倾斜你的胸部，弯曲你的背部。以轻松和好奇为导向，保持 5—10 次呼吸后再换边。

当我想要做自己的时候，我会……

» 昂首挺立，感受双腿的力量和脊柱的挺拔。我能感觉到脚下的人地正在支撑着我。

» 做几次深呼吸，让自己冷静下来。

» 维护自己的界限。人一定要有自己的界限，并且向他人说清楚，这一点非常重要。想要一个属于自己的空间，想要独处，都是很正常的。

» 说出"停下来，我不喜欢这样"。

» 向其他人寻求帮助。

» 在事后与信任的人谈论这次经历，并制订行动计划。

让孩子自信的关键：找到优势、建立价值观

当我犯错误时，我会……

» 呼吸。没关系，每个人都会犯错的。一点自我同情会让承认错误变得更容易。

» 记住错误是成长的机会。犯错后暂停一下，想想我在这个场景里、从某个人身上、从某段关系中或从我自己身上学到了什么。

» 承认错误已经发生，为无法挽回的事情而自责没有意义。

» 站出来道歉，在这个过程中我可能与他人变得更亲近。

如何正确地道歉

» 好的道歉是真诚的道歉，认真地说声"对不起"。

» 承认自己所做的事情，或许你也可以做出一些解释，并清楚地说明你对错误所造成的伤害表示后悔。

» 在好的道歉中，不存在反向指责，也不应该有"但是……"或"因为你……"这样的话。

» 除了用言语表达歉意，你还可以用眼神、面部表情、手势和轻柔的语调来辅助道歉。

如何接受别人的道歉

» 看着对方的眼睛说话。

» 如果你觉得可以，还可以说出这些话语：

"我原谅你。"

"感谢你的道歉。"

让孩子自信的关键：找到优势、建立价值观

8

寻找快乐的动力：
用目标引导，用成就激励

如果你想提升动力，调整焦点，或者发挥拥有目标后所产生的力量，那么就给自己设定一些目标吧！设定目标的方式有很多，大到创建远大并具有挑战性的长期目标来使个体得到锻炼，小到简单地设定如何度过接下来半小时的即时目标。目标和意图可以帮助孩子管理时间和预期，给他们营造一种安全感，进而提升健康和幸福感。这一章不仅有关于如何设定目标的内容，也会告诉你如何在前进的过程中停下脚步，反思已经取得的大大小小的各类成就，因为我们可以从中挖掘出极大的活力。

简单来说——形成你的意图

当孩子年龄尚小的时候，给他们设定目标的想法一开始可能不会引发共鸣。但如果你观察自己每天的规划，你会发现它可以被分解成一系列的小目标。孩子喜欢确定性。有规划的一天可以让孩子对现在正在发生的事情以及接下来要发生的事情产生熟悉感和安全感，也能让他们明白自己应该有什么样的期待，并从中受益。我们可以利用这一点，在一段时间内与孩子沟通出一个大致的意图，并在其中的重点发生变化时做出提醒。乍一看，这种做法可能有些僵化，但实际上，这当中还是有不小的变化和选择空间。从本质上讲，这个过程就是将正念和目标融入一天当中，并就此与你的家人对话。下面介绍一下我们家中标准的上学日，展现意图的调整与变化。你会多次看到这句话："是时候……"

» 清晨。是时候醒来了，让我们迎接新的一天和遇到的每个人。在起床艰难的早晨，我们可以用一些仪式来提升能量水平和积极性，比如在床上拥抱一下，做几个瑜伽中的山式呼吸（见第152页），或者想想当天能让我们兴奋起来的某件事。

» 是时候为上学做好准备并完成必要的活动（如吃早餐、上厕所、刷牙和穿衣）了。现在不是玩的时候，也不是看电视的时候。如果玩耍很有诱惑力，那么我们可以将玩具或游戏预留到放学后，那时才是玩的时间——哪怕不是现在就会进行，预先知道所期待的事情在什么时间发生也是有益的。如果在出门前所有的准备工作都做完了，那么可以选择让孩子玩一会儿。这些事情往往说起来简单做起来难，相信我家和你家的情况差不多……不过，规律和一致性确实会有所帮助。

» 是时候去学校了。在去学校的这段路途中，我和孩子经常进行某种品味活动，这样我们就能在路上对所见所闻保持专注。有时候我们会看看能遇到哪些鸟，或者我们能数出多少只猫或狗，或者在路途中寻找飞机的踪影。如果孩子在学校门口不愿进去，我们会一起谈论他在学校中喜欢的某些方面，并一起设定一个积极的目标：可以是学习一些有趣的东西，或者是见到他的朋友们。

» 放学后的重聚。在回家的路上，是时候建立联结并分享我们一天中所发生的事情了。在此之后，就是孩子的自由玩耍和作业辅导时间。

» 晚餐时间。在玩耍结束前5分钟，我会告诉他们还有一些时间，然后就该吃晚饭了。我发现以这种方式预设期望比突然大声喊"该吃饭了"要好许多，能有效避免餐桌上的争执。我自己也不喜欢在做事的时候被打断，或者被告知要停下手头的事情。因此，提前告知不仅让人觉得更舒服，同时也能更好地提升家庭的凝聚力和合作精神。说实话，通常这么做还需要我们有一些耐心和对孩子的鼓励，但随着他们的成长，他们会更理解为什么需要进行后面的活动，抵触情绪也会相应减少。

» 根据当天的时间，游戏时间可以延长，也可以直接进入洗澡和睡觉的环节。对家长来说，这个时间段非常棘手，因为让孩子结束游戏和收起玩具是很困难的。我会提醒孩子，快乐并没有结束（对任何人来说，"快乐结束"都是令人沮丧的想法），只是当前这项活动结束了，该做别的事了。一旦他们泡在浴缸里，洗澡时光也会变得很愉快。然后，我们就该进入睡前的准备阶段，这是一个有关舒缓和互动的环节。

» 入睡时间。是时候休息和入睡了。睡眠会在合适的时候到来，当我们入睡困难的时候，可以使用"当无法入睡时，我可以做些什么？"工具箱（见第68页）。以上这些方法有助于父母划分时间。你不必觉得你一天只能做一件事，你只需要先做一部分，然后再做下一部分。提醒自己，你的一天可以重启于每一个当下，而不必等到第二天。设定目标可以使你更容易全身心地投入工作、育儿或其他的任务中。我发现这么做也能帮我抵制手机的诱惑。

总的来说，通过设定我们利用时间的目标并告诉孩子，我们便给他们设定了界限，并提供了安全感。当你说"现在是做某事的时间"时，你是在告诉你的孩子应该做什么，当他们偏离轨道时，我们可以柔声说"现在不是做这件事的时候"，并把他们引导回来。就像正念冥想一样，帮助他们知道如何进行合理的时间安排。让他们理解这一时期的乐趣是什么，你为什么要做你正在做的事情，让他们参与进来。分散注意力可以在孩子对所做之事并不感兴趣的时候（比如一起出门买菜这类必要的事情）起到帮助作用。另外，"贿赂"孩子也是一个不错的做法。给孩子提供选择有时候是很好的方法，作为父母，我们有时需要提供选择的假象——让孩子选择胡萝卜或者豌豆，红袜子或者蓝袜子，或者让他们选择是自己穿鞋还是要别人帮忙。作为大人，你必须做自己该做的事。虽然困难总会发生，但这些困难恰恰是家庭生活的真实状态。我希望通过制定目标能让你们的一天变得更加和谐。

通过设定我们利用时间的目标并告诉孩子，我们便给他们设定了界限，并提供了安全感。

努力争取，设定目标吧！

　　制定对应的目标能帮助你更有可能获得想要的结果。目标会让你的注意力更加集中，让你的生活更有活力，并激发你内在的动力。然而，并不是任何目标都可以达到这个效果。积极心理学的研究清楚地表明，遵循某些原则可以帮助你制定更有益于生活的目标。美国幸福学专家索尼娅·柳博米尔斯基（Sonja Lyubomirsky）将这些原则总结如下：

1. 最有效的目标就是你对自己的要求，而不是其他人对你的要求。

2. 为了真正激发你的行动力，请确保目标与价值观是一致的。你为什么要实现这个目标呢？这个答案就应该成为实现目标的决心，明确这一点会给你带来更强的内驱力和持久力。

寻找快乐的动力：用目标引导，用成就激励

5. 环境中的很多因素都是一直在变化的，所以你要确保目标在目前的环境中是灵活可变且合理的。

4. 确保制定的所有目标之间都是互补的，你很可能不能在同一时间实现所有目标，所以有时需要确定目标实现的优先次序，或延后达成一些目标。在自己的目标和家庭成员的目标之间，你要寻求平衡。

3. 最好用正面的话语设定你的目标——"你想做的究竟是什么"，而不是"你不想做什么"，例如，与其说"我不想和我的朋友吵架"，不如将其重构为"我想变得更友善，能想办法和朋友们和谐相处"。

个人目标和家庭目标

确定目标并为之努力可以提高你的幸福感，向家人说出目标或者分享自己对目标的追求也能促进家庭整体的幸福感。一起坐下来讨论讨论，对每个家庭成员来说什么是重要的。有没有一些你们想要设定的宽泛的个人目标？只是大声分享你的目标就可以让你有责任感，增加你对自己愿望的主导感。让人们了解你的目标将有助于他们知道如何最好地支持你，避免无意中破坏你的努力。思考你们可以如何互相支持各自的目标。你们的目标可能会有所不同，但你们仍然可以相互鼓励，增强彼此联结和关心的感觉。

你们能否聚在一起，设定一些集体目标——作为一个家庭，你们觉得什么最重要？翻阅这本书和"活力之轮"的内容可能会给你一些制定家庭目标的灵感。家庭目标并没有范围的限制，可以是增加日常生活中运动的时间，也可以是锻炼正念的能力，或者仅仅是一起获得更多的快乐。制定目标后想一想，家庭中的每个人可以如何为这个共同的目标做出自己的贡献，并谈谈每个人愿意采取的行动。阅读第七章"让孩子自信的关键：找到优势、建立价值观"（第142—155页），想想这些内容可以如何帮助你实现目标。

我制作了一个目标计划表，以帮助你更好地采取行动。无论是你的个人目标，还是共同的家庭愿景，这个表都适用。

为某件事设立一个目标，实现它的可能性就会变得更大。

利用设定目标的力量

我的目标计划表

我的目标

» 我想要……

....

....

....

我的原因

» 这件事对我来说很重要，因为……

» 如果能实现目标，我会感到……

....

....

....

我的"啦啦队"

» 我想和……分享自己的目标

....

....

....

小小里程碑

» 在实现目标的路上，我需要付出哪些努力？

» 把通往目标之路分解成至少三个小步骤……（如果有一些重要的时间节点和行动步骤密切相关，请把它们写下来）

....

....

....

障碍和优势

» 哪些因素可能会妨碍我？我怎么克服它们？

» 我可以利用自己的哪些优势来实现目标、应对挫折？

....

....

....

庆祝吧！

» 每当达成一个小小里程碑，我可以怎么奖励自己？最终达到目标后，我要怎么庆祝？

....

....

....

寻找快乐的动力：用目标引导，用成就激励

实践：愿景板

一个非常好的替代文字设定目标的方式是利用图像的力量创建一个愿景板。任何年龄的孩子都可以享受这种方法，这是一种分享你的梦想和建立共同愿景的绝妙方式。愿景板由图片拼贴而成，这些图画激励你，代表你想要实现的目标和对你重要的东西。它可能包括你想要去的地方，你想尝试的活动，或者你为自己设定的目标，它证实了引导你前进的价值观。创建一个愿景板可以让你明确最重要的事情，把它放在一个显眼的地方，这将保持目标在你脑海中的新鲜程度，激发你的动力。在创建愿景板的过程中，你在脑中为实现你的愿望做好准备，所以尽可能让更多的感官参与进来，想象达到目标的行动步骤，以及梦想成真的感觉是怎样的。

制作愿景板

首先，收集你的材料。你将需要杂志、照片或从电脑上打印出来的图片、笔、剪刀、胶水或胶带，以及一大张纸或板子用来张贴你的灵感。请与孩子共同制作这个愿景板，并让他们知道愿景板背后的意义——一张代表未来价值和梦想的海报。你可以通过提问来激发他们，比如他们希望对世界产生怎样的影响，他们长大后想做什么，他们想拥有什么样的超能力，以及他们想去的地方或想做的活动。一旦思考这些问题，他们就可以开始筛选所收集的材料，剪下引起共鸣的图像、单词或短语并将它们排列在板子上。愿景板完成后，坐下来和孩子一起讨论每个图像，询问他们为了实现这个愿景将会调动或培养什么样的能力。将他们可以做的事情分解成小目标，以实现他们的梦想，并强调我们必须努力为自己创造这些东西。把它挂在容易看到的地方，并对约定的行动步骤做一些温和的提示。

成就

当孩子完成了一项任务或实现了一个目标，不要急着让他们去做下一件事。你要鼓励他们关注自己的成就，这么做可以极大地振奋他们的精神，给予他们勇气，增强他们的自尊心。教会孩子看问题的角度，让他们关注那些进展顺利的事，而不是那些失败的事。我们有时会因为关注没有完成的事情，而错过太多积极的反馈。鼓励孩子对自己的努力给予应有的赞许，哪怕是一些容易被忽略的小事——比如掌握了一项新的生活技能。如果这是一件重要的事，请和孩子一起回顾他们走过的路，他们花了多少精力，克服了哪些障碍，一路是如何成长的，这些事情都值得好好庆祝！爸爸妈妈们，我理解我们需要一个"待办事项"清单——没有它我们会迷失方向，但我觉得"完成事项"清单也有存在的价值。当一天结束的时候，回头看看你所完成的任务，多说"我很棒"这句神奇的咒语。对于孩子来说，堆积如山的家庭作业和考试复习已经让他们晕头转向，我们要确保他们有时间从繁重的功课中抬头透气，感谢自己的不懈努力。

我很棒！

寻找快乐的动力：用目标引导，用成就激励

学习利用成就的力量

反思你的一天并提出问题

问问自己"在过去的一天中，哪些事进展顺利？为什么？"这些事情可以是任何积极正面的事情，从"我很认真地上英语课，因为我想好好学习"到"我在午餐时为一个朋友挺身而出，因为我重视公平"。你的"为什么"没有对错之分，但完成这件事很重要，因为这么做会增强我们的自我认同和自信。

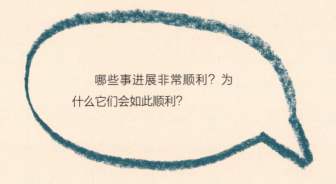

哪些事进展非常顺利？为什么它们会如此顺利？

为自我呵护日志提供灵感

思考以下问题：

什么情况下，我会为自己感到骄傲？

是什么让我为我的家庭感到骄傲？

我如何为我的朋友感到骄傲？

是什么让我为我的团队或学校感到骄傲？

帮助激发动力以及反思工作成果的瑜伽体式

双人鹳鸟式

目的：憧憬未来，并在前进的道路上寻求支持

　　面对你的伙伴，握住对方的手，并尽可能远离对方。在保持握手的状态下，慢慢朝后抬起一条腿，并让你的脊柱平行于地面。伸展身体，朝着你的目标努力，在前进的过程中感受伙伴的支持，同时露出笑容。在这个姿势上保持 5—10 次呼吸，然后换腿。这个动作会比较辛苦，但也很有趣！你也可以尝试一个人做这个动作。如果身体摇晃，也不必担心，这都是过程的一部分。

跪姿箭步转体

目的：保持灵活，从不同角度看问题

跪姿，双手双膝着地。右脚向前迈出，靠近右手。紧接着，把双手放到大腿前侧，下沉臀部进行拉伸，拉长呼吸。看看你是否能够沉浸于这个体验中，而不急于命名这些感觉。然后，将左手放在地上，右臂向天空伸展，头向上看，从而转动身体。灵活的身体可以帮助你在追求目标的过程中有更多可塑性。然后在另一侧重复同样的姿势和动作。当你左右两侧都做完这个动作后，可以做一做瓢虫式（见第64页）或下犬式（见第65页）。

靠墙抬腿

目的：停下来，关注你所取得的成就

在墙根处躺下，抬起双腿。完全放松双腿并让墙面支撑它们。保持这个姿势至少 5 分钟，同时保持呼吸，静静感受放松的状态，沐浴在努力的光辉里。做得好！

当我感到困惑时，我会……

» 到外面走走，把大脑中繁杂的思绪吹走。

» 想想我内心希望自己获得什么样的感受。我会在本书中寻找一个可能有助于产生这种感受的瑜伽体式。

» 想想在这种情况下我想达到什么目标。然后我可以把事情分解成一些小步骤，再朝着这个方向努力。

» 想想我有哪些优势，它们可以如何发挥作用。

» 审视我的价值观，以及哪些东西对我来说很重要，看看这是否有助于我更清晰地思考。

» 翻看我的自我呵护日志，看看有什么内容让我眼前一亮。

» 告诉自己，感到困惑没关系，我可以找人倾诉我的感受。

寻找快乐的动力：用目标引导，用成就激励

"我很棒！"

父母们，
行动起来吧！

不要急着做其他事情，先到此为止。你做得很好！你已经读完了本
书，花时间为自己和孩子养成了良好的习惯，这已经是一项成就了。充
分享受它给你带来的满足感吧。

行动

在你决定你想做什么之前，我想让你知道，我的生活中有过这样的时候，我精力耗尽却仅仅只能做到让我的孩子上学、吃饱饭、洗澡。那个时候，做愿景板对我来说就像是一个负担，所以如果你正在经历类似的困难时刻，请对自己宽容一些。做好自我呵护是基础，只有先滋养自己，才能继续付出，继续前进。等到能量回来的时候再做其他的事情——它一定会回来的。如果你的孩子也处在低潮期，要温柔地对待他们。优先考虑对你和你的家庭有治疗和舒缓作用的自我呵护方式，我希望你会很快看到积极向上的螺旋开始运转。做一些瑜伽会有所帮助。

这本书中的一些内容可能会引起你的共鸣，有些内容可能会看起来遥不可及，过于理想化或者完全不符合你的兴趣。这没关系。我希望的是，其中可能有一些洞见能够显著地改变你的观点，还有一些工具真的能帮助到你和你的孩子。我们的需求和兴趣在不断变化，所以当你重新打开这本书的时候，可能会有新的东西跳入你的眼帘。

对于那些可以引起共鸣的工具和技巧，你不需要让自己全部掌握。我可以肯定地说，这本书中的所有策略都是我通过艰难的方式学习到的，而且我每天还在学习当中。适度的自我同情将帮助我们养成这些健康的习惯，并与我们的孩子分享。给自己放个假，翻翻这本书的内容或者看看"活力之轮"，找到当下对你有帮助的东西。不论是帮助别人，还是寻求帮助，都不必犹豫。我们总是需要相互帮助的。

父母们，行动起来吧！

如何实现改变?

首先要做的其中一件事就是用最引起你和你家人共鸣的想法来阐释你的"活力之轮"。翻回你感兴趣的章节,把你最喜欢的见解写在"活力之轮"上。把它挂起来,定期查看,并在压力水平上升时用它来激发你的自我呵护实践。你也可以在那之前就使用它,那就更好了!观察家庭的整体氛围,并积极地使用"活力之轮"来确定你需要的滋养。随着时间的推移,我希望你会注意到,定期的自我呵护将为家庭带来更大的耐心和韧性,营造和谐的家庭气氛,使冲突变得更少,更轻微。

为每个家庭成员创建一个自我呵护日志,可以帮助你们建立属于自己的工具箱。这将成为一种资源,您的孩子可以不断地往箱子里添加,并在需要支持的时候返回查阅。如果你的孩子会写字,他们自己记录的自我呵护活动和工具清单会更有效,并形成一种强大的指引。让孩子清楚地意识到这个工具箱近在咫尺,将大大减少他们内心的焦虑,因为他们能够知道自己在面对特定挑战时要做些什么,这会让他们感到自己充满力量。请与孩子一起努力,充分运用这本书中提及的建议和你自己的想法,创建应对不同挑战的工具箱。

父母们,行动起来吧!

为每个家庭成员创建一个自我呵护日志，可以帮助你们建立属于自己的工具箱。

另一个做法是轻松地安排自我呵护的时间。以愉快的心态去做。让自我呵护变成一种令人欣喜的期待，而不仅仅是一件需要去完成的事情。如果你愿意，可以与自己和孩子约定时间，在日程表中为欢乐和家庭联结预留出时间。这在你生活非常忙碌，或是你觉得有可能错过家庭滋养时刻时非常重要。考虑到这些情况，让它实实在在地发生，而不是等待那个"好时机"。

你和家人准备好做出改变了吗？"活力之轮"的哪些内容最吸引你？你们可以每次只选择两到三个轮辐上的建议来试试。当你的第一波变化充分融入生活中后，你可以重新审视它。从小事做起，一次只专注于一个习惯或工具。最有效的改变方式是将其分解为小的步骤。如果你想改善你的饮食，只需要关注一天中的一餐，而不是一开始就进行大刀阔斧的改变。运用"寻找快乐的动力：用目标引导，用成就激励"一章（见第156—175页）的内容来制订你的行动计划。最好的自我呵护是响应式的和不断发展的，你可以通过重新阅读本书，找到对你现在来说感觉有趣的事情，以保持新鲜的动力。

虽然这本书即将结束，但我们的自我呵护之旅才刚刚开始。非常感谢你与我一起扩展这场自我呵护的革命。我希望你仅仅阅读这些概念就能感到振奋和滋养，你的自我呵护工具箱现在充满了有效而易于获取的选择。我希望你享受和你的家人一起使用它，以及它带来的所有美好的回报。我希望我们所有人都有像山一样挺立的力量。

祝你平安愉快。

让我们携手共进。

苏西

瑜伽体式索引

瑜伽体式索引

致谢

感谢我的妈妈爸爸，感谢我的兄弟迈克尔和罗伯特，感谢你们在我人生的早期提供了情感上的支持，让我能够探索这个世界。你们的存在，让我对学习产生了极大的热爱，也让我对所有祝福心怀感恩，这一切每天都滋养着我的生活。

感谢我亲爱的丈夫戴夫与我携手这段人生旅程。这些成就绝不可能是我一个人的贡献，是我们两人共同的奋斗结果，没有你，我真的无法完成这部作品。感谢你对我永恒的爱，感谢你对我的支持，感谢你在我人生之路上的鼓励，这是我一生的挚爱珍宝。

感谢我的孩子们夏洛特和泰迪，你们是我最伟大的老师。书中介绍的许多实践做法都是我们一起创造出来，并不断调整成型的。特别感谢夏洛特帮助我命名书中瑜伽体式。我希望这些瑜伽资源能让你终身受益。

致唐娜、夏洛特、丹妮尔、尼基、克莱尔、艾玛和莱拉——我非常感谢你们的善意，也非常珍惜我们之间的友谊。我知道我们一直并肩前行，这让我感到生活一天更比一天好。

我非常感谢丽希·拉克与我分享她的瑜伽宝典。这些瑜伽体式每天都丰富着我的身心，而这份礼物的宝贵之处不仅在瑜伽部分，还一点点地影响着整本书。我还要感谢埃拉·麦克莱恩，她绘制的美丽插图将我脑中的构想变成现实。

感谢我的经纪人简·格拉汉姆－莫和Aster公司的凯特·亚当斯、保琳·贝奇和梅根·布朗，我对你们给予我的信心、拥护和支持表示衷心的谢意，在你们的帮助下，我的所思所想才能走向世界。